新时代智库出版的领跑者

国家智库报告 2022(39)
National Think Tank

国际

俄乌冲突对欧洲影响研究

刘作奎　主编

THE RUSSIAN-UKRAINIAN CONFLICT AND EUROPE

中国社会科学出版社

图书在版编目(CIP)数据

俄乌冲突对欧洲影响研究／刘作奎主编． —北京：中国社会科学出版社，2023.1（2024.12重印）
（国家智库报告）
ISBN 978-7-5227-1105-8

Ⅰ.①俄…　Ⅱ.①刘…　Ⅲ.①俄罗斯、乌克兰—武装冲突—影响—欧洲—研究　Ⅳ.①D75

中国版本图书馆 CIP 数据核字（2022）第 244164 号

出 版 人	赵剑英
项目统筹	王　茵　喻　苗
责任编辑	郭曼曼
责任校对	刘　娟
责任印制	李寡寡

出　　版	中国社会科学出版社
社　　址	北京鼓楼西大街甲 158 号
邮　　编	100720
网　　址	http://www.csspw.cn
发 行 部	010-84083685
门 市 部	010-84029450
经　　销	新华书店及其他书店
印刷装订	北京君升印刷有限公司
版　　次	2023 年 1 月第 1 版
印　　次	2024 年 12 月第 4 次印刷
开　　本	787×1092　1/16
印　　张	11.75
插　　页	2
字　　数	151 千字
定　　价	59.00 元

凡购买中国社会科学出版社图书，如有质量问题请与本社营销中心联系调换
电话：010-84083683
版权所有　侵权必究

序　欧洲要和平就不应筑墙

俄乌冲突并非突然而起。西方国家的叙事过于片面和简单，让人难以全面认识这场冲突。有必要探究这场冲突背后俄罗斯和西方特别是北约之间长期存在的矛盾，以及俄乌之间错综复杂的关系。

虽然冷战在30多年前就结束了，但西方扩张的步伐从未停止。俄罗斯和西方影响力之争一直没有停止，而且在不断地加剧。作为冷战产物的北约，在老对手华约不复存在的情况下，不仅没有解散，反而持续扩大，迄已东扩五轮。从2014年开始，乌克兰成为俄罗斯和西方影响力之争的焦点。

俄罗斯本想与北约和平共处，冷战结束之初甚至曾提出加入北约，但是北约一直对俄心有忌惮。以普京2007年在德国慕尼黑安全会议上的讲话为转折点，俄罗斯与北约和西方的关系开始全面趋紧。普京指出，"我认为，北约扩大进程显然与该组织自身的现代化以及保障欧洲安全没有任何关系。相反，这是降低互信水平的严重挑衅行为。我们也有权公开质问，这种扩大针对谁？华沙条约组织解散后，西方伙伴们作出的保证去哪里了？这些声明如今何在？甚至已经没人会记得它们了。我想引用1990年5月17日北约（时任）秘书长韦尔纳先生的一段讲话。当时他说'我们不准备在西德以外部署北约军队，这会给苏联提供稳固的安全保证'。这些保证何在？"①

2008年，时任美国总统小布什有意接纳格鲁吉亚、乌克兰加入北约，后来在俄极力反对和法德劝阻下暂时作罢。同年发生了俄格冲突，又称"五日战争"。

2013年，时任乌总统亚努科维奇在"广场革命"中下台，乌克兰结束亲俄政策，走上亲西方的道路。俄与美西方战略博弈的大幕由此正式拉开。2014年，俄罗斯"收复"克里米亚，同时乌克兰东部顿巴斯地区的武装冲突开始，至今已有八年。俄总统普京在2021年12月发表的一次讲话中一方面强调"乌克兰不能加入北约"，另一方面宣称乌东地区不能再继续流血了。正因如此，人们看到，俄此次发动对乌"特别军事行动"的第一步，是宣布承认乌东地区顿涅茨克、卢甘斯克两州"独立"。

俄决意反击北约的进逼，其与美欧的矛盾经过冷战后的长期演进终于到了总爆发的时刻。

俄乌冲突背后既存在西方和乌克兰剑拔弩张的影响力之争，同时也表明了一个突出而又严峻的事实，即超级大国苏联倒下之后尘埃至今并未全部落定。苏联解体了，其后遗症还在间歇性发作，否则就不存在所谓克里米亚归属问题，也不会出现今天旷日持久的俄乌冲突。

现在，在乌克兰的冲突仍看不到结束的迹象，其影响还在不断扩展。欧洲首当其冲，承受着数百万难民涌入、能源价格飙升、粮价上涨等多重压力。然而，对欧洲而言，真正重大而深远的影响是在欧洲安全问题上。

俄乌冲突对欧洲安全格局产生了很大的影响，安全问题在冷战结束30多年来重新变成一个尖锐而突出的问题。俄乌冲突

---

① Vladimir Putin, "Speech and the Following Discussion at the Munich Conference on Security Policy", President of Russia, February 10, 2007, http://en.kremlin.ru/events/president/transcripts/24034.

导致欧洲安全格局发生三大变化。

第一大变化，作为欧洲两支最大力量的欧盟和俄罗斯走向对立，欧洲也因此陷入冷战结束以来新的对峙和分裂。欧俄关系在2014年曾遭受过一次猛烈冲击，2014年克里米亚危机使得欧俄关系陷入了低谷。对欧洲而言，政治和外交上的反俄情绪自2014年就已开始出现。2014年和今天最大的不同在什么地方？首先，欧洲人认为俄罗斯破坏了国际法，破坏了联合国宪章和原则，对欧洲国家的安全构成了严重的威胁。这一评估比对2014年克里米亚危机影响的评估要严重得多。其次，2014年尽管发生了克里米亚危机，欧洲和俄罗斯的经贸关系、能源关系仍得以维系，原因在于双方在经济上特别是能源上高度依赖。但这次冲突爆发以后，欧盟国家一致对俄罗斯实施了全面经济制裁，俄罗斯也进行了反制裁。双方的经贸和能源合作纽带受到严重打击。这意味着自冷战结束以来欧俄重新走向了对立。

第二大变化，俄乌冲突重新激活了北约。冷战结束之后，北约内部的凝聚力以及北约本身的价值均在下降。特别是特朗普执政的四年，北约国家内部的矛盾和冲突非常大，法国总统马克龙在2019年宣判北约"脑死亡"，而特朗普在竞选期间曾表示北约已经过时。虽然北约每年仍组织不少军事演习，但实际上已经暗流涌动，内部团结既受到欧洲也受到美国的质疑。特朗普时期美国对北约的质疑最明显，因为美国的兴趣已经不在欧洲了。拜登上台以后欧美关系显著改善，这与拜登上台以来重新重视与欧洲一起应对伊朗核问题、气候变化等问题有重要关系，但最重要的还是在于拜登不断地承诺对欧洲北约成员国的保护。所以，拜登上台后北约在一定程度上重新受到重视。但是欧洲人内心深处的疑虑并没有消除。欧洲人认为北约根本上是服务于美国战略的，美国的战略和欧洲的战略是否同步？欧洲人心里没底。拜登说"美国回来了"，但是欧洲人想知道美国的战略重心是不是也回来了？在这场冲突之前北约实际上面临着很大的问题，但是从目前来看，用马克龙自己的话来讲，俄乌冲突对北约产生了电击疗法，也就是说重新激活了北约。

可以看到，目前在对抗俄罗斯问题上欧美展示了团结。2022年3月24日欧美在布鲁塞尔举行的三场峰会强化了欧美的一致性。当天第一场峰会是北约30国峰会，第二场峰会是七国集团峰会，第三场峰会是欧盟和美国的所谓27+1峰会。这三场峰会无非就是要告诉俄罗斯：俄现在面对的是一个团结的西方、团结的北约。2022年6月北约马德里峰会出台了新的发展十年规划以及新战略概念，将俄罗斯定性为最大的现实安全威胁，北约快速反应部队的人数由4万人增至30万。俄乌冲突凸显了欧洲在硬安全上离不开美国。

第三大变化，欧洲国家一方面不得不继续接受在安全上离不开美国和北约的事实，但另一方面发展欧盟防务的意志更加坚定。这场冲突有可能成为欧盟在欧洲安全中发挥更大作用的契机。西欧国家在第二次世界大战后曾经想搞防务共同体，但很快就放弃了，之后这个想法就一直沉寂下来。冷战结束以后有过几次尝试，但都是雷声大雨点小，没有真正取得突破。这次会不会成为一个契机？2022年3月24日欧盟正式通过了《安全与防务战略指南针》，从中可以看到欧盟希望今后在地区安全中发挥更大的作用。我们也看到了欧盟很多国家愿意大幅增加军费开支，比如德国。让欧洲国家增加军事开支是特朗普执政时期美国一直想做但没有做成的事，俄罗斯对乌发起特别军事行动使欧洲多国做到了这一点。

这表明，欧洲不仅没有因俄乌冲突放弃对"战略自主"的追求，相反其发展自主防务的紧迫感进一步增强，决心愈加坚定。但欧洲实现真正"战略自主"绝不会一蹴而就，欧洲清楚自身在相当长时间内都离不开美国和北约，所以在推动"战略自主"的同时不断强调欧盟的防务建设是对北约的"补充"而非"替代"。

俄罗斯和欧盟国家互为近邻，这一点无人可以改变。在目前的冲突发生前，法国、德国等国家的领导人曾一度奔波于俄罗斯、美国、乌克兰三方之间，力图通过外交努力阻止冲突爆发，但均未取得成功。俄乌冲突爆发后，欧盟各国则一边倒向"反俄援乌"。乌克兰危机清楚地告诉人们欧洲安全问题远未解决，如何处理与俄罗斯关系仍将是欧洲国家面临的头号安全难题。

第二次世界大战后欧洲的最大问题就是安全问题。战后经济重建固然重要，但更加根本的是，不能再发生第三次世界大战。为了走出安全困境，欧洲人绞尽脑汁。第二次世界大战后欧洲地区开启了区域一体化进程，并且取得了重要成就，建立了统一市场、欧元区，取消了国家之间的边境检查。欧洲一体化发生在第二次世界大战之后，这并非偶然。其初心是为了和平，防止战火在欧洲重燃。法国和当时的联邦德国（西德）首先实现了和解，为欧洲一体化奠定了基础。

人们从第二次世界大战后法德和解、西欧地区选择一体化道路中能够获得何种启示？我认为，最重要的启示是国与国之间要实现和平，就不应该建墙，不应该采取相互孤立政策。法国在第二次世界大战后对德国有很深的疑虑，但最终于1950年向当时的联邦德国提出共同建立煤炭和钢铁共同体，法德和解由此迈出了至关重要的第一步。在建立欧洲煤钢共同体后不久，法国很快又提出了建立包括联邦德国在内的欧洲防务共同体的设想。但众所周知这一设想由于遭到法国国民议会的反对而未能实现。

为了从根本上解决问题，欧洲就必须放弃冷战集团对抗思维，亟须重新构筑新的欧洲安全秩序，而不应在俄罗斯和乌克兰之间筑起一堵高墙。欧洲新安全秩序应当具有一些重要的特征，如包容性、平等性、全面性、可持续性等。包容性指的是这一秩序不应该排斥任何一方，俄罗斯、欧盟成员国以及非欧盟的欧洲国家都应该是欧洲安全秩序的建设者。欧洲安全秩序的主角应该是俄罗斯与欧盟。全面性主要指的是，欧洲的安全应该既包括传统安全也包括非传统安全，这两个方面并重。平等性指的是，在欧洲安全新秩序建设当中，所有的建设者都应该是平等的，彼此不应该歧视对方。可持续性指的是，应该把政治互信作为欧洲安全秩序建设的基础性工程，同时积极探索制度建设。政治互信，加上制度建设，将有利于欧洲国家与俄罗斯开展真正的安全合作，也才能够维持欧洲长期的和平与稳定。

俄乌冲突为欧盟推进"战略自主"提供了一个重要的契机。德国时任总理默克尔在2017年就得出了美国不可靠的结论，并强调需要将欧洲的命运掌握在自己手中。欧洲国家需要独立自主地思考欧洲的安全问题，明确自身的利益，吸取第一次世界大战和第二次世界大战的教训，吸收第二次世界大战后法德和解以及欧洲一体化的经验，阻止欧洲重新回到阵营对抗时代。

俄乌冲突爆发以来，中国社会科学院欧洲研究所全体同仁在不同的载体发表了大量相关研究。现在读者拿在手里的是由欧洲所副所长刘作奎研究员主编的最新研究成果。这是一篇厚实的研究成果，由欧洲所相关研究方向的资深学者、研究室主任或负责人共同完成。应作奎之托，我将个人所思所想写下来，谨以此为序。

冯仲平

中国社会科学院欧洲研究所所长、研究员

摘要： 2022 年 2 月俄乌冲突爆发，对欧洲产生了深刻的影响，推动欧洲内政和外交在多个领域发生转变。俄乌冲突对欧洲能源需求造成了巨大冲击，推动了欧洲能源的转型，主要集中在提高能源利用效率、多元化能源合作渠道、加速清洁能源转型以及推动能源投资和改革。冲突从根本上改变了欧洲地缘格局，旧有欧洲安全架构濒于瓦解。欧洲安全战略聚焦强化同北约的关系，加大欧盟防务领域的投入，推动安全和防务领域以反俄为导向的变革。俄乌冲突也使欧洲政治生态出现"中东欧化"现象。中东欧国家在欧洲应对俄乌冲突中扮演着引领者角色，加速欧洲"去俄拥美"、强化地缘政治博弈思潮。冲突也使美俄欧关系被重塑，美欧联盟更加紧密，欧俄关系整体破裂并形成"双输"格局，俄同西方长期博弈格局形成。

欧洲国家深受俄乌冲突的影响。冲突爆发后，绝大多数欧洲国家谴责俄罗斯对乌克兰的"特别军事行动"，不断升级对俄制裁，向乌克兰提供财政援助并输送武器。德国外交和安全政策经历"时代转折"，大幅度提高军费开支并调整防务政策，积极采取措施降低对俄能源依赖。冲突带来的影响和政策转折将会给德国政治、经济、社会、外交和安全带来深刻变化。法国和德国在俄乌冲突上的政策既有一致性，也保留了通过外交斡旋来促成停火的手段。冲突对法国政治、经济和外交等多方面产生影响，继续使其推动欧洲防务自主。英国对冲突采取较为激进的策略，坚持对俄极限制裁施压，积极向乌提供武器，同美国密切协调，推动美国、北约、七国集团等对俄采取严厉措施。危机造成英国经济增长停滞，通胀压力骤增并引发政局动荡。

意大利采取坚定追随美国的政策，对俄态度强硬，使用外交手段来解决冲突的意愿不强。危机对意大利冲击巨大，经济发展受困于能源和粮食价格快速上涨，通胀走高，公共债务问题再次拉响警报，对政局稳定造成冲击。俄乌冲突进一步坚定了西班牙参与北约集体安全防务的立场，并借助北约马德里峰会重塑其在欧盟安全与防务政策体系的话语权和影响力。冲突造成西班牙经济增长乏力、通胀加剧，导致国内运输业大罢工，多重因素叠加导致，民众不满达到新的高点。中东欧国家是冲突发生后反俄的急先锋，某种程度上来说，是中东欧国家的政策偏好在驱动着整个欧洲的政策。中东欧国家在欧盟决策体系和跨大西洋安全关系中的能见度大增，话语权明显提升，但冲突也对中东欧国家政治稳定和经济发展造成明显冲击。

当前，俄罗斯与西方的严重对立正使冲突变成一场持久的地缘政治博弈。要想从根本上解决这场冲突，欧洲需要放弃冷战集团对抗思维，重新构筑新的欧洲安全秩序，而不应在俄罗斯和乌克兰之间筑起一堵高墙。欧洲要和平就不应筑墙！

关键词：俄乌冲突；地缘政治；欧洲安全；"中东欧化"；政治动荡；经济危机

Abstract: The outbreak of the Russian-Ukrainian conflict in February 2022 has generated a profound impact on Europe, triggering changes in European internal and external affairs in multiple areas. The Russian-Ukrainian conflict led to considerable impact on European energy demand and fostered European energy transition, which mainly focuses on improving energy efficiency, diversifying energy cooperation channels, accelerating transition toward clean energy, and promoting energy investment and reform. The conflict has fundamentally altered the European geopolitical architecture, put the old European security architecture on the verge of collapse. The present European security strategy focuses on strengthening relations with NATO, increasing EU defense investment, and promoting anti-Russian-oriented evolution in security and defense. The conflict has also caused the "Central and Eastern Europeanization" of European political ecology. Central and Eastern European countries are playing a leading role in Europe's response to the conflict, pushing Europe to keep a distance from Russia while fully supporting the United States, and consolidating the geopolitical thinking. The conflict has also reshaped the triangular relationship between the United States, Russia, and Europe, and the alliance between the United States and Europe has become stronger. The overall relationship between Europe and Russia has broken down and formed a "lose-lose" pattern. Russia and the West have entered a period of long-term gaming.

European countries are deeply affected by the Russian-Ukrainian conflict. After the conflict broke out, the vast majority of European countries condemned Russia's operation against Ukraine, escalating sanctions over Russia, aiding Ukraine with financial and military resources. Germany's foreign and security policy has experienced Zeitenwende, significantly increased military spending, adjusted defense policy, and actively took measures to reduce dependence on Russian energy. The conflict and such policy changes will bring about profound impact on German politics, economy, society, diplomacy, and security. The French policies on the conflict are largely consistent with those of Germany, although France retains the diplomatic means for brokering ceasefire. The conflict has repercussions on French politics, economy, and diplomacy, and pushes France to keep driving European defense autonomy. The United Kingdom adopted a relatively aggressive strategy for the conflict, insisted on putting pressure on Russia with extreme sanctions, proactively provided weapons to Ukraine, and closely coordinated with the United States to push the United States, NATO, and G7 to take stern measures against Russia. The crisis resulted in stagnant growth of British economy, surge of inflationary pressure, and political turmoil.

Italy adopts the policy of firmly following the United States, takes a tough stance toward Russia, and is less willing to apply diplomatic means to resolve the conflict. The crisis has deteriorated the domestic situation of Italy: its economic development is hampered by the sharp rise of energy and food prices, inflation has risen, and the public debt problem has once again sounded the alarm, which all threat the political stability. The Russian-Ukrainian conflict has further strengthened Spain's position of participating in NATO collective security and defense, and has reshaped its role and influence in the EU's security and defense policymaking with the help of the NATO Madrid Summit. The conflict has caused sluggish economic growth and increased inflation in Spain, leading to general strike in transportation industry. Coupled with such factor as growing poverty, the public dissatisfaction has reached a new high in Spain. Central and Eastern European countries are anti-Russian vanguards.

To a certain extent, it is the policy preferences of Central and Eastern European countries that drive the policies of the entire Europe. The visibility of Central and Eastern European countries in the EU's decision-making system and transatlantic security relations has been greatly increased, and the volume of their voices has been significantly improved, but the conflict has also generated significant impact on the political stability and economic development of Central and Eastern European countries.

Now, the severe confrontation between Russia and the West is turning the conflict into a protracted geopolitical game. To fundamentally resolvethe conflict, Europe needs to abandon the Cold-war bloc-confrontation mentality and rebuild the European security order instead of building a high wall between Russia and Ukraine. If Europe wants peace, it should not build walls!

Key Words: Russian-Ukrainian Conflict; Geopolitics; European Security; "Central and Eastern Europeanization"; Political Turmoil; Economic Crisis

目　　录

第一部分　综合篇

一　俄乌冲突影响下的欧洲能源转型 …………………………（3）
　　（一）俄乌冲突下欧洲能源安全的重要性日益凸显 ……（3）
　　（二）俄乌冲突下欧洲能源转型提速 ……………………（6）
　　（三）欧洲国家层面的能源转型措施 ……………………（13）
　　（四）结语 …………………………………………………（18）

二　俄乌冲突对欧洲安全秩序的影响 …………………………（19）
　　（一）俄乌冲突对欧洲安全秩序的影响 …………………（19）
　　（二）欧洲应对俄乌冲突影响的政治和安全手段 ………（26）
　　（三）结语 …………………………………………………（35）

三　俄乌冲突下欧洲政治生态的"中东欧化"及
　　前景 …………………………………………………………（36）
　　（一）俄乌冲突对欧洲的影响及欧洲
　　　　　政治生态的"中东欧化" ……………………………（37）
　　（二）对欧洲政治生态"中东欧化"
　　　　　未来走势的总体判断 ………………………………（42）

四 俄乌冲突对美欧俄关系的影响 …………………………（44）
（一）俄乌冲突对国际秩序的冲击 ……………………（44）
（二）美欧关系：紧密的安全关系与分殊的利益 ……（49）
（三）欧俄关系：整体破裂和"双输"前景 …………（52）
（四）结语及展望 ………………………………………（55）

第二部分　国别篇

五 俄乌冲突下德国的应对及影响 …………………………（59）
（一）德国在俄乌冲突中的立场与应对 ………………（59）
（二）俄乌冲突给德国经济、政治、社会带来的
　　　影响 …………………………………………………（70）
（三）俄乌冲突对德国外交安全政策和对外关系的
　　　影响 …………………………………………………（76）

六 俄乌冲突下法国的应对及影响 …………………………（80）
（一）法国的立场和应对 ………………………………（80）
（二）俄乌冲突对法国内政的影响 ……………………（86）
（三）俄乌冲突对法国外交的影响 ……………………（91）

七 俄乌冲突下英国的应对及影响 …………………………（99）
（一）英国在俄乌冲突中的立场与应对 ………………（99）
（二）俄乌冲突对英国内政的影响 ……………………（106）
（三）俄乌冲突对英国外交与国际地位的影响 ………（112）

八 俄乌冲突下意大利的应对及影响 ………………………（117）
（一）俄乌冲突对意大利造成多重冲击 ………………（118）
（二）意大利应对俄乌冲突的主要举措 ………………（124）
（三）结语 ………………………………………………（129）

九 俄乌冲突下西班牙的应对及影响 …………………（131）
 （一）西班牙对俄乌冲突的态度与立场…………………（131）
 （二）西班牙安全与防务政策的调整及其
   新变化………………………………………………（136）
 （三）俄乌冲突对西班牙社会经济的多重影响及其
   应对…………………………………………………（142）
 （四）俄乌冲突对西班牙内政的影响……………………（146）
 （五）结语…………………………………………………（149）

十 俄乌冲突下中东欧国家的应对及影响 …………………（151）
 （一）中东欧国家对俄乌冲突的应对……………………（151）
 （二）俄乌冲突对中东欧国家的影响……………………（159）

第一部分

专题篇

一 俄乌冲突影响下的欧洲能源转型[*]

欧盟是全球发达经济体聚集地区，囿于资源贫瘠、能源消耗大，其对化石能源的进口依赖度较高，天然气、原油、煤炭对外依存度分别为90%、97%和70%，尤其是俄罗斯是欧盟最大的能源供应国，欧盟约45%的天然气、27%的原油和46%的煤炭依赖于从俄罗斯进口。俄乌冲突以及欧美对俄罗斯的经济制裁导致国际能源价格持续飙升，欧洲首当其冲，陷入能源危机并对能源转型产生深远影响。多年来，欧盟先后提出可持续发展、应对气候变化和绿色经济等发展理念，将能源领域的低碳转型作为重要实施路径之一。同时欧盟也以能源转型为契机，带动可再生能源相关技术和产业链的发展。俄乌冲突爆发以来，出于现实需要，能源安全和地缘政治因素成为欧洲能源转型的重要考量因素。可以说，俄乌冲突为欧洲能源转型带来了新的动力与挑战，同时也为未来中欧能源合作带来了新的机遇。

（一）俄乌冲突下欧洲能源安全的重要性日益凸显

整体上看，欧洲能源转型的动因可以归纳为"应对气候变化和可持续发展的需要"和"欧洲能源安全的需要"。从应对

---

[*] 陈新，法学博士，中国社会科学院欧洲研究所研究员；杨成玉，经济学博士，中国社会科学院欧洲研究所副研究员。

气候变化和可持续发展的需要视角看，多年来欧盟通过提出"可持续发展""应对气候变化"等理念，设立一系列"雄心勃勃"的发展目标，并将其落实为具体的政策法规，为推动欧洲能源转型注入持续动力。[①] 1992年《欧洲联盟条约》便明确了"可持续发展"目标，规定"环境保护必须与其他政策的实施相结合，强制纳入到其他政策的制定和执行之中"。1997年《阿姆斯特丹条约》正式将"可持续发展"作为欧盟的优先目标，为环境与发展综合决策的执行奠定了法律基础。2001年欧盟陆续发布《环境2010》《2020气候和能源一揽子计划》《能源2020》《2030气候与能源框架》等具体行动计划，主导《巴黎协定》顺利落地，在能源基础设施、科研创新、产业战略、金融投资、国际合作等领域系统地提出行动路径。伴随应对气候变化的呼声持续高涨，2019年12月欧盟委员会主席乌尔苏拉·冯德莱恩（Ursula von der Leyen）在上任之初便发布《欧洲绿色协议》，强化2050年碳中和目标，将推进绿色经济转型摆在首位。2021年5月欧盟委员会通过的"下一代欧盟"复苏计划则以后疫情时代经济复苏为契机，强化绿色经济转型。

为加快落实"绿色新政"，欧盟委员会于2021年7月公布"减碳55"一揽子立法与政策提案，对欧盟气候政策进行彻底改革，设定了至2030年将欧盟温室气体排放量较1990年减少55%的阶段性目标，并将使欧盟的天然气总消耗量减少30%。2022年5月18日，欧盟委员会又发布"重新赋能欧盟"计划，在"减碳55"的基础上，计划增加2030年可再生能源的发展目标。该计划在能源转型方面的具体内容包括：将2030年可再生能源占总能耗的比重从40%提高到45%；制定专门

[①] 杨成玉：《欧盟绿色发展的实践与挑战——基于碳中和视域下的分析》，《德国研究》2021年第3期。

的欧盟太阳能战略，到2025年将光伏发电量翻一番，到2030年安装规模不少于600千兆瓦；将热泵的部署率提高一倍，并采取措施将地热和太阳能整合到现代化的区域和公共供暖系统中；到2030年，可再生氢气生产1000万吨，进口1000万吨，以取代难以减碳的工业、运输部门所使用的天然气、煤炭和石油等。

从保障欧洲能源安全的需要视角看，俄乌冲突凸显欧洲能源安全的重要性。欧洲的能源安全具有天然的弱点，作为全球能源消费的主要地区之一，欧盟自身又无法满足能源供应的要求，每年需要进口大量的能源，尤其是进口俄罗斯的石油、天然气、煤炭等传统化石能源。但长期以来，在欧盟关于能源安全的政治辩论中，欧盟对俄罗斯能源进口的依赖与相关基础设施的风险在很大程度上没有得到足够重视。为了加大自俄罗斯天然气进口，德国和俄罗斯还出巨资共同建设"北溪2号"天然气管线。可以说，在较长的时间"对俄罗斯能源过度依赖"的警告在欧洲政治层面被选择性地忽视。然而，所有这些举动都是基于一个脆弱的假设，即欧洲可以源源不断地使用廉价的、持续供应的俄罗斯天然气。随着俄罗斯对乌克兰展开"特别军事行动"以及俄乌冲突的爆发，在欧美对俄罗斯发起数轮经济制裁的背景下，俄罗斯能源在欧洲被认为政治上已经死亡。欧洲人如梦初醒，所有这些假设都已不复存在，能源安全的重要性凸显。囿于对俄罗斯能源的高度依赖，欧盟并未追随美国完全禁止从俄罗斯进口能源，在能源领域的制裁始终有所保留，但目前欧洲已陷入史上最严重的能源危机，电力和天然气成本飙升，预计2022年欧洲能源消费总额同比将翻三倍。保障能源安全被欧洲视为能源转型的关键一环，欧洲能源转型的迫切性，具体表现在对内要解决能源供应中断的风险，对外要解决能源供应的依赖度问题，同时在结构上要减少化石能源消费占比较高的问题。

（二） 俄乌冲突下欧洲能源转型提速

在俄乌冲突背景下，出于能源安全和地缘政治的因素推动，欧洲把摆脱对俄罗斯能源依赖摆在首要位置。伴随俄乌冲突升级，欧盟迅速出台"重新赋能欧盟"（REPowerEU）计划加以应对。欧盟委员会于2022年3月8日提出了该计划，在2022年年底之前将欧盟对俄罗斯天然气的依赖减少三分之二，同时确保来年冬季天然气储存至少达到90%，以应对潜在的供应中断。此外，欧盟力争在2030年之前摆脱欧洲对俄罗斯天然气的依赖。[①] 随后，2022年3月10日至11日欧盟领导人在法国凡尔赛举行特别峰会，欧盟的能源独立战略成为峰会讨论的中心议题。会后通过的一份声明中表示："我们同意尽快逐步消除对俄罗斯天然气、石油和煤炭进口的依赖。"为了实现这一目标，欧盟各国领导人责成欧盟委员会在2022年5月底之前制订一份详细计划。欧盟委员会于5月18日发布了"REPowerEU"能源计划细则，即"重新赋能欧盟：为更负担得起、更安全和更可持续的能源而采取欧洲联合行动"战略。[②] 该战略包括能源效率和节约、能源供应多样化、清洁能源转型加速、投资和改革四个支柱，并将摆脱对俄罗斯能源依赖的时间从2030年提前至2027年。该战略计划在2027年以前额外投资2100亿欧元，进一步加大对风电、光伏等可再生能源领域的投资，加快能源转型步伐。[③] 具体而言，欧洲能源转型主要通过

[①] European Commission, "REPowerEU: Joint European action for more affordable, secure and sustainable energy", March 8, 2022, https://ec.europa.eu/commission/presscorner/detail/en/ip_22_1511.

[②] European Union law, "REPowerEU Plan", May 18, 2022, https://energy.ec.europa.eu/communication-repowereu-plan-com2022230_en.

[③] European Union law, EUR-Lex-52022DC0230-EN-EUR-Lex（europa.eu），May 18, 2022, https://eur-lex.europa.eu/legal-content/EN/TXT/?uri=COM:2022:230:FIN&qid=1653033742483.

以下四个路径落实：一是确保欧洲天然气供应；二是提高可再生能源的部署速度，逐渐取代化石能源；三是通过提高效率降低能源需求；四是核能被重新提上日程。

1. 确保欧洲天然气供应

天然气是欧盟对俄罗斯依赖较高的能源品种，事实上针对确保天然气供应的布局早已开启，表现在以下三个方面。首先，欧盟实施了能源供应多元化战略。欧洲天然气消耗大，对管道天然气运输路径依赖较强。早在2014年，俄乌关于克里米亚地区的争端便加剧了欧盟与俄罗斯之间的地缘政治紧张局势。欧盟希望进一步多样化其天然气进口供应来源，以保障长期能源安全，同时也是为了加强其解决未来危机的能力。为此，欧盟委员会于2015年2月发布《关于能源联盟的通报》[①]，承诺"探索液化天然气（LNG）的全部潜力，包括在紧急情况下作为对通过现有管道系统进入欧洲的天然气供应产生不足时的后备力量"，并通过在2015年年底或2016年年初制定全面的液化天然气和储存战略来提高欧洲天然气储存的潜力。从市场角度看，市场动态可以支持液化天然气作为能源供应多元化的选择之一。提高液化天然气贸易的灵活性，降低液化天然气价格和运输费率，以及欧洲和亚太地区液化天然气进口之间价格的逐渐趋同，都将加强这一战略的经济可行性。其次，欧盟关注能源安全的基础设施建设。2017年12月12日奥地利鲍姆加滕（Baumgarten）天然气枢纽发生爆炸。该枢纽是欧洲天然气市场的关键分销节点，爆炸导致天然气输送中断，波及欧洲大部分地区。这一事件导致意大利宣布进入紧急状态，并中断了比利时和荷兰对英国的天然气供应。鲍姆加滕事

---

① European Commission, *State of the Energy Union 2015*, COM (2015) 572 final, Brussels, October 18, 2015.

件给欧洲能源安全敲响了警钟，需要重视天然气基础设施运营中断的风险。为此，欧盟加强了泛欧能源供应安全监测。在欧盟委员会的领导下，欧盟成员国制定了一个合作框架，通过更新天然气供应安全法规，将供应中断的影响降至最低。该法规要求由欧洲天然气输电系统运营商网络（ENTSO-E）进行全欧盟范围的天然气供应和基础设施评估。最后，欧盟加强了绿色战略自主建设。欧盟绿色战略自主已嵌入到欧盟绿色新政目标之中。欧盟通过绿色战略自主解决对进口天然气的依赖，并减少对天然气的使用。绿色新政最初并不是一个建立和平与安全的工具。但是，欧洲越来越普遍地认识到要实现欧洲的绿色战略自主，就需要结束对进口天然气的依赖，并提高绿色能源供应的安全性。这种方向的改变对欧盟后续出台的诸多政策文件均产生了重大影响，从"减碳55"一揽子计划到欧盟可持续金融分类法，从循环经济行动计划到"从农场到餐桌战略"，都体现了欧洲绿色战略自主的政策色彩。

在当前俄乌冲突背景下，欧盟委员会通过"开源节流"的方式确保欧洲天然气供应。一方面，"开源"主要着眼于增加液化天然气（LNG）的进口来源，并增加生物甲烷和氢气等替代气体的供应；另一方面，"节流"主要是在供暖领域逐步取代天然气，并通过网络建设提高能源效率。主要包括以下五个方向的具体实施措施。

一是寻求天然气供应多元化。受俄乌冲突的影响，欧盟加快了石油和天然气供应多元化的步伐，远离俄罗斯供应来源。一方面开拓新的供应路线，包括推动从阿塞拜疆运送天然气的南方天然气走廊尽早投入运营；另一方面，与美国、卡塔尔等国就液化天然气供应展开谈判。美国总统拜登2022年3月访欧时表示将大幅为欧提供液化天然气。美国计划到2030年之前，每年将向欧洲追加出口500亿立方米（约3700万吨）的液化天然气。德国与卡塔尔的天然气谈判也正在进行中。

二是加快可再生气体的产能。为了取代俄罗斯天然气，欧盟委员会还希望增加与天然气具有相似特性的生物甲烷（即沼气）的使用，并增加可再生氢能的生产和进口。预计沼气和氢气也将更加多样化，欧盟委员会计划到 2030 年将生物甲烷产量提高到 350 亿立方米。可再生氢能将成为欧盟发展可再生能源的一个重要路径。目前在欧盟和全球生产的大部分氢气都是由化石燃料生产的，又被称为"蓝氢"或"灰氢"。随着欧盟承诺要摆脱化石燃料，可再生氢能被视为一种便捷的路径方式。通过可再生能源电解将水分解成氢和氧分子，将风能和太阳能转化为可储存的能量，因其清洁又被称为"绿氢"。欧盟委员会在其 2020 年 7 月发布的《气候中性的欧洲氢能战略》（*A Hydrogen Strategy for a Climate-neutral Europe*）中表示，氢气可以用作原料、燃料或能源载体和储存，并且在工业、运输、电力和建筑领域具有许多可行的应用场景，而这些领域往往被认为是脱碳较为困难的领域。欧盟委员会估计，到 2030 年可再生氢能将达到 1000 万吨产量和 1000 万吨的进口量。到 2050 年，清洁氢气可以满足全球 24% 的能源需求。

三是取消在供暖领域的天然气依赖。长期以来化石燃料锅炉是欧洲建筑物和家庭供暖的主要方式。欧盟在俄乌冲突之前就早已提出，预计到 2029 年逐步淘汰用于空间供暖的化石燃料，并从 2025 年开始结束对化石燃料锅炉的补贴，到 2027 年之前不再为安装化石燃料锅炉提供激励措施。取而代之的是热泵，亦被称为"反向空调"，使用电力来集中热能，并且比化石燃料锅炉更节能。通过"重新赋能欧洲"计划，欧盟希望到 2030 年新增安装 3000 万台热泵，每年可为欧盟节省 350 亿立方米的天然气消耗。

四是推动基础设施建设和互联互通。改善欧洲天然气和电力网络互联互通，有助于提高能源配置的效率，同时吸引更多私人投资者参与其中。为了实现能源转型和应对气候变化的目标，需要对整个能源价值链进行持续性投资，包括发电、天然气管道、输电网以及配电网等诸多环节。为进一步保障天然气供应安全，欧盟开始加强互联互通建设。例如，丹麦已恢复了挪威—波兰天然气连接管道的建设；西班牙拥有众多液化天然气终端和充足的天然气储存能力，计划中的连接法国和西班牙的 Midi-Catalonia（MidCat）天然气管道项目也在当前背景下恢复动工。

五是强化天然气的强制性储备义务。在俄乌冲突的背景下，欧盟认为，至关重要的是在 2023 年冬天之前拥有高水平的天然气储存，以防来自俄罗斯的天然气供应中断。因此，欧盟委员会 2022 年 3 月 23 日提出了一项针对天然气储存及基础设施所有者的新强制性认证计划，该计划由欧洲议会和欧盟部长理事会经过快速立法程序于 2022 年 5 月 19 日通过。根据该计划，欧盟国家就强制性天然气储存义务达成一致，目标是到 2022 年 11 月 1 日欧盟的天然气储存量至少达到 85%。同时，各成员国还同意对所有存储系统运营商进行强制性认证，以避免可能危及欧盟能源安全的外部影响。

2. 提高可再生能源的部署速度

尽管用可再生能源取代化石燃料将满足能源安全和应对气候变化的需要，但欧盟距离拥有能够提供足够能源以满足需求的完全脱碳的能源体系还有很长的路要走。特别是在俄乌冲突、欧盟摆脱对俄化石能源依赖背景下，提高可再生能源的部署速度被提上优先日程。

在可再生能源方面，欧盟委员会正在推动欧盟国家简化其许可程序，以减少新开工项目的延误。风能和太阳能是目前最便宜的电力形式，可以帮助欧盟实现其气候目标，并推动欧盟能源独立。然而，漫长而复杂的许可程序阻碍了新风电场和太阳能光伏电站的部署，欧洲可能会因此而无法实现其可再生能源目标。

欧洲风能行业机构（Wind Europe）于2022年2月24日发布报告并警告称，复杂而缓慢的许可程序正在阻碍欧洲风电的推出，这意味着欧盟可能会错过其气候目标，并在更长的时间内依赖不可靠的天然气供应。根据该报告，按照当前的安装速度，到2026年年平均安装量仅为17.6千兆瓦。然而，如果要实现欧盟到2030年在其能源结构中占可再生能源40%的目标，年平均安装量应不低于32千兆瓦。报告警告说，虽然2021年是风力装置创纪录的一年，欧盟的总容量达到189千兆瓦，但进展还是比预计的总容量低11%，尽管欧洲的风力发电水平预计将在未来十年内高速增长，但由于供应链问题和许可问题，还是无法实现所需的增长水平。[①]

根据欧盟委员会发布的"重新赋能欧洲"计划，欧盟还专门制定了新的太阳能发展战略。欧盟的目标是到2025年将欧盟的太阳能发电量增加一倍，到2030年安装600千兆瓦，将许可程序减少到最多三个月，加大投资力度，并在2026年之前强制安装太阳能电池板用于新的公共建筑，到2029年为新住宅建筑安装太阳能电池板。根据欧盟委员会的估计，除了先前气候立法所预见的投资外，从现在至2027年，太阳能领域的投资将需要260亿欧元的额外资金。

3. 通过提高效率降低能源需求

改善建筑物隔热性能会减少化石燃料的使用，从而减少欧洲对能源进口的依赖。建筑物占欧盟最终能源消耗的40%，占其温室气体排放量的36%。因此，建筑物能源效率的提高也是

---

① EURACTIV, "Permitting issues risk derailing EU's renewable energy targets, warns wind industry", February 25, 2022, https://www.euractiv.com/section/energy/news/permitting-issues-risk-derailing-eus-renewable-energy-targets-warns-wind-industry/.

欧盟能源转型的核心。根据国际能源署的数据，鼓励欧洲消费者将恒温器降低 1°C 可以在一年内节省 100 亿立方米的天然气。① 根据欧洲建筑绩效研究院（BPIE）2022 年 5 月的政策简报，翻新具有适当隔热性能的住宅将导致用于供暖的天然气用量减少 44%。此外，这样的改造最终将节省目前用于欧洲住宅建筑供暖的最终能源消耗的 45%。②

欧盟虽然已努力鼓励节能改造，例如对公共建筑提出适度要求，但欧盟未能实现其 2020 年的能源效率目标。2021 年 12 月，欧盟委员会提议重新制定《建筑能源绩效指令》（*The Energy Performance of Buildings Directive*），作为一揽子立法的一部分，旨在 2030 年之前将欧洲的温室气体排放量减少 55%。新的法律将提高建筑物翻新的速度和深度，改善有关建筑物能源效率和可持续性的信息，并确保所有建筑物都符合 2050 年气候中和的要求。2022 年下半年欧盟轮值主席国捷克已将这项法律的通过作为主要任务之一。

4. 核能或将卷土重来

与其他低碳替代能源相比，核能提供了稳定的、非间歇性的电力供应，可以降低能源转型的成本，同时为可再生能源走向成熟期提供宝贵的过渡时间。核电也不受能源商品进口价格波动的干扰，能够提供稳定的能源供应、缓解地缘政治风险。核能可以为欧洲抵御飙升的天然气和电力价格提供缓冲，并成为欧洲能源独立的关键补充。

---

① IEA, "How Europe can cut natural gas imports from Russia significantly within a year", March 3, 2022, https：//www.iea.org/news/how-europe-can-cut-natural-gas-imports-from-russia-significantly-within-a-year.

② BPIE, "Putting a Stop to Energy Waste", May 2022, https：//www.bpie.eu/wp-content/uploads/2022/05/Putting-a-stop-to-energy-waste_Final.pdf.

在欧洲能源转型过程中，核能一度受到排斥，德国等欧洲国家也纷纷制定了"减核""退核"的时间表。根据标准普尔分析数据（S&P Global Platts Analytics）显示，到2030年整个欧洲的核能发电量可能会下降7%，到2040年可能会下降17%。然而，随着能源转型步伐的加快，尤其是地缘冲突给欧洲能源转型带来的新挑战，欧洲关于核能的讨论再次热烈。欧盟最近公布的新版可持续活动分类法中，把某些条件下的核能包括进这一旨在为绿色项目提供全面和统一分类的工具中。符合分类法的项目，如可再生能源，可以从欧盟的可持续金融中受益，并促进私人投资的参与，成为欧洲核能使用的一个关键性里程碑。

在作为2022年上半年欧盟轮值主席国期间，法国最近宣布40年来首次恢复新的核电建设。2022年2月10日马克龙在法国贝尔福（Belfort）蒸汽轮机工厂发言时强调，稳定、廉价的能源供应是维护能源主权和工业竞争力的基础，法国不能依赖其他国家来保障能源供应，必须复兴核能捍卫经济主权。为此，法国计划在2050年前完成6座新的第二代欧洲压水反应堆（EPR 2）的建造，将核电总容量提高至2500万千瓦，并在"法国2030投资计划"项下投资10亿欧元发展新一代小型核反应堆（SMR）。此外，英国政府也将核能纳入其脱碳战略，最近出台了立法，为新核项目建立了融资计划，并宣布决定投资高达17亿英镑，以建设大型核项目。与此同时，在东欧，目前还没有核电站的波兰将建造6—9千兆瓦的新核电容量，以取代燃煤发电，罗马尼亚计划建造小型核反应堆以减少对进口的依赖。

（三）欧洲国家层面的能源转型措施

俄乌冲突爆发后，欧洲各国加大了区域层面的合作力度，并结合本国的实际情况纷纷出台了一系列新的举措，在保障能源供应安全的同时加速能源转型的步伐。欧盟 27 个成员国的资源禀赋、经济结构、能源构成及依赖度等各不相同。能源政策又是欧盟与成员国之间"共享权能"的领域，因此各成员国在应对能源转型问题上起到的作用较为关键，所采取的措施和侧重点也因国而异。受篇幅所限，本部分选取几个有代表性的国家，分析其基于国家层面的具体应对措施。

1. 德国

德国作为欧盟最大的经济体，拥有发达的制造业，同时也是能源消费大国。德国自身能源资源匮乏，在日本福岛核泄漏事件发生后，德国又开始了去核化进程。因此，德国希望通过建设"北溪 2 号"管道项目进口俄罗斯天然气来弥补能源供应上的不足。2022 年 2 月俄罗斯对乌克兰开展"特别军事行动"之后，刚刚建成并即将投入使用的"北溪 2 号"管道项目被叫停。德国试图同时淘汰核能和煤电的前景变得更加复杂。为此，德国采取了以下措施。

一是重新启用燃煤电厂。德国燃煤电厂目前拥有约 45 吉瓦的煤电容量。虽然有些燃煤电厂已被关闭，但其中一部分被保留，以确保本国的能源供应安全。当前在俄罗斯天然气供应威胁下，德国能源网络机构已要求本国的燃煤电厂在需要时保持待命状态。

二是开发"蓝氢"作为过渡。氢气在燃烧时不会释放二氧化碳，因此将在钢铁和化工等无法完全摆脱电气化加工的工业脱碳中发挥关键作用。但是，增加可再生能源电解而成的"绿氢"生产需要大量的风能和太阳能发电，而这些电力目前在德国还相对缺失。因此，尽管不青睐"蓝色"氢气，但德国政府还是考虑把天然气作为向可再生能源过渡的燃料，在过渡阶段推动生产低碳"蓝色"氢气。德国一方面牵手欧盟第二大天然气出口国挪威，巩固与挪威的能源伙伴关系；另一方面最大限度地提高来自非洲大陆的天然气供应。①

  三是加快液化天然气终端的建设。德国政府急于减少对俄罗斯天然气的依赖，已于2022年5月10日提交立法提案。首先是加快陆上和浮动液化天然气（LNG）终端的许可程序和建设；其次是加速建设液化天然气与电厂和电网连接的必要管道，这样德国将能够从世界任何地方进口液化天然气。新法律将允许公共当局"放弃欧盟法律强制规定的某些程序要求"，如环境影响评估。2021年，德国从俄罗斯的天然气进口量达到460亿立方米，而液化天然气终端一旦完成，将产生至少700亿立方米的再气化能力。2022年5月19日德国议会快速通过了该法律。根据该法案，液化天然气终端的使用许可将延续到2043年12月31日。

  四是推出节能计划。德国政府于2022年5月17日提出了节省更多能源的计划。② 该计划包括提供资金和激励措施，以促进供暖和建筑方面更节能的标准，并停止对不符合新的《效率之家40》（*Efficiency House 40*）标准的燃气供暖和建筑项目的补贴。能源性能最低的建筑物的翻新被视为具有最大的节能潜力控制温室气体排放的领域。此外，太阳能屋顶将成为标准，以迅速增加可再生能源发电。德国还制定新的供暖战略，要求从2024年1月起将热泵这一最节能的技术作为强制性市场标准。

---

① Joint Statement Germany-Norway, "Strengthen the close partnership between Germany and Norway in the areas of energy and climate policy and industrial transformation", March 16, 2022, https://www.bmwi.de/Redaktion/DE/Downloads/J-L/20220316-joint-statement-norway.html.

② Nikolaus J. Kurmayer, "Germany presents energy efficiency 'work plan' to reduce fossil fuel demand", May 18, 2022, https://www.euractiv.com/section/energy/news/germany-presents-energy-efficiency-work-plan-to-reduce-fossil-fuel-demand/.

2. 荷兰、芬兰

荷兰是欧洲为数不多的能源输出国。几十年来，格罗宁根油田一直是欧洲天然气的主要来源，由壳牌和埃克森美孚的合资企业运营，1976年曾达到了880亿立方米的峰值产量，即使在五年前也仍接近300亿立方米。荷兰政府于2019年宣布，格罗宁根的天然气生产将于2022年10月结束，以控制该地区的地震风险，并表示此后只有在极端天气或不可预见的情况下才能提取天然气。俄乌冲突爆发后，荷兰政府表示将坚持其在2023年或2024年完全关闭格罗宁根油田的计划。同时，为了减少对俄罗斯能源的依赖，荷兰将寻求增加进口液化天然气的能力。为此，荷兰政府表示将把鹿特丹现有的液化天然气终端从5亿立方米扩大至80亿立方米，或在格罗宁根建造一个容量为40亿立方米的新的浮动设施。

荷兰政府打算从2026年起禁止新的以化石燃料为中心的供暖系统安装，同时强制使用热泵或连接到供热网络。欧洲很少有国家像荷兰那样依赖天然气为家庭供暖。2018年，天然气覆盖了荷兰71%的住宅需求，而农业中温室的广泛使用进一步加剧了对化石燃料的依赖。荷兰现在将成为德国之后欧盟下一个强制使用热泵的国家。荷兰政府正在推广混合热泵，据测算，使用混合热泵平均可节省60%的天然气消耗。[①]

芬兰在生物质能方面进行了大量探索，从粪便、其他副产品中为运输燃料提供动力。芬兰乳制品生产商Valio和能源公司St1正在启动建设一个沼气厂，生产可再生运输燃料，以寻找新能源并提高芬兰的能源自给自足能力。这也是北欧地区最大的

---

① Nieuwsbericht, "Hybride warmtepomp de nieuwe standaard vanaf 2026", May 17, 2022, https://www.rijksoverheid.nl/actueel/nieuws/2022/05/17/hybride-warmtepomp-de-nieuwe-standaard-vanaf-2026.

沼气液化和沼气厂。工厂第一阶段将于2026年投产，整个项目将于2030年完工。该项目计划利用约330个农场。该工厂的年生产能力估计为125千兆瓦时，相当于约1200万升柴油，足以每年为300辆卡车提供动力。①

3. 捷克、匈牙利

捷克在欧盟是推动"能源结构自由"的积极倡导者，认为每个国家都可以选择自己的能源结构。② 由于捷克大量使用核能，而且非常依赖天然气，特别是来自俄罗斯的天然气，因此捷克也是对欧盟新版绿色能源分类规则感到满意的国家之一，该规则承认核能和天然气在欧洲绿色转型中的作用。

匈牙利对俄罗斯能源的依赖度很高。不仅鲍克什核电站一期和二期建设使用的都是俄罗斯技术，而且匈牙利对俄罗斯化石能源依赖度也很高。匈牙利65%的原油供应和84%的天然气供应依赖于从俄罗斯进口。因此，欧盟发起的对俄经济制裁，招致匈牙利的强烈反对。匈牙利认为，如果实行禁运，那输油管道需要从东部乌克兰转换成从南部克罗地亚进入匈牙利，现有的从克罗地亚里耶卡港口到匈牙利的输油管道无法满足输送需求，需要进行扩容。此外，匈牙利炼油设备需要进行技术改造。炼油厂需要针对新的石油来源进行技术改造，以适应新的油品，耗资巨大，仅炼油设备技术改造一项就需要5亿至7亿欧元。

匈牙利认为，如果没有对能源基础设施进行强大而快速的

---

① EURACTIV, "Finland to power transport fuel from manure, other by-products", March 11, 2022, https://www.euractiv.com/section/politics/short_news/finland-to-power-transport-fuel-from-manure-other-by-products.

② EURACTIV, "Czechia pushes for 'energy mix freedom' once again", March 11, 2022, https://www.euractiv.com/section/politics/short_news/czechia-pushes-for-energy-mix-freedom-once-again.

投资和增加绿色转型资金，无法彻底摆脱对俄罗斯化石能源的依赖，需要大规模改善替代供应基础设施，并彻底重组匈牙利的炼油能力。但这些努力非常耗时，需要更多的投资，然而这些投资无法在市场获得全部支持，而欧盟方面给匈牙利的资金仅停留于"纸面上"。因此，匈牙利总理欧尔班·维克托表示，如果因同意石油制裁而导致短期内断供相当于向匈牙利经济投下"原子弹"。匈牙利的反对导致2022年5月中旬欧盟外长会议未能就第六轮对俄制裁措施达成一致。

（四）结语

俄乌冲突背景下，减少对俄能源依赖，促使欧洲能源转型进入"快车道"。整体而言，在发展可再生能源领域，欧洲对与中国开展合作的需求在上升，中欧能源合作的机遇大于挑战。打造中欧绿色合作伙伴，力推中欧绿色合作，既是深化中欧务实合作的亮点，也是未来推动中欧绿色伙伴关系走深走实、互利共赢的新的增长点，中欧未来合作是大有可为的。

二 俄乌冲突对欧洲安全秩序的影响*

俄乌冲突是冷战结束至今，欧洲爆发的规模最大的一场"热战"，既是俄罗斯与美欧之间多年积累的地缘政治矛盾总爆发，又是大国关系分化调整的催化剂[①]，对欧洲安全秩序产生了巨大的震荡冲击。总体来看，俄乌冲突对欧洲安全秩序的影响，集中体现为：烈度不断升级的持续性冲突，从根本上改变了欧洲地缘政治格局，不仅使旧有欧洲安全架构濒于崩坏瓦解，而且引发了欧盟内部博弈态势的连锁变动。在新的国际形势下，欧盟与北约在防务领域的关系更加复杂，欧洲一体化进程中的不确定性因素也显著增加。概而言之，俄乌冲突之于欧洲安全具有划时代的重大历史意义，无论冲突最终以何种方式画上句号，欧洲安全秩序都将翻开全新一页。

（一）俄乌冲突对欧洲安全秩序的影响

在俄乌冲突的推动下，欧洲地缘政治格局发生了巨变。冲突改变了相互博弈的美欧俄三大战略力量之间的权力对比，亦

---

* 鞠维伟，中国社会科学院欧洲研究所中东欧研究室副主任、副研究员；徐若杰，中国社会科学院欧洲研究所助理研究员。

① 倪峰等：《俄乌危机对国际政治格局的影响》，《国际经济评论》2022年第3期。

改变了他们对抗的地缘方位和中心。三方在欧洲的安全互动及相关的政策行为，都因此而进入了全新的状态。作为塑造国际关系的系统性外部变量，地缘政治格局巨变之于欧洲安全秩序的作用，或将延续到俄乌冲突结束后，并通过系统效应①，在一个历史长周期内持续对欧洲安全秩序产生影响。

1. 欧洲地缘政治格局推进了美欧关系的改善

具体来说，俄乌冲突在一定程度上修复甚至升级了美欧关系。欧洲国家在强烈的不安全感驱使下，在战略与安全两方面更加依赖美国。

第一，欧美跨大西洋同盟松散化问题得到部分缓解。松散化是自特朗普执政以来始终困扰欧美同盟的难题。一是欧洲盟友对美战略不信任的增加，担心美国某一天会完全撤出欧洲，使欧洲安全保障陷入真空。这种恐惧肇始于特朗普政府粗暴要求欧洲盟友投入更多战略资源，动辄以美国退出欧洲相威胁②，在拜登政府仓促从阿富汗撤军、组建三边安全联盟（AUKUS）等事件的催化下不断增大；二是欧洲国家追求"战略自主"，积极强调欧盟对欧洲事务更强的独立性和更大的话语权，由此引起了美国对欧洲盟友的不满和猜疑。③ 法国总统马克龙甚至曾经公开指出跨大西洋合作已经"脑死亡"。拜登执政后，尽管美国政府的对外战略大方向已重回跨大西洋合作轨道，并作出了诸

---

① 即在系统内部一个导致了重要效应的因素能够诱发许多变化，以至于当这个因素消失以后，效应还会持续存在。参见 Robert Jervis, *System Effect: Complexity in Political and Social Life*, New Jersey: Princeton University Press, 1997, p.37。

② 赵晨：《特朗普的"蛮权力"外交与美欧关系》，《世界经济与政治》2020 年第 11 期。

③ Hugo Meijer, Stephen G. Brooks, "Illusions of Autonomy: Why Europe Cannot Provide for Its Security If the United States Pulls Back", *International Security*, Vol. 45, No. 4, Spring 2021, pp. 7–43.

多安抚盟友情绪的积极姿态，但是短期内并未消除欧洲盟友对被美抛弃的安全焦虑。俄乌冲突不仅使得美欧同盟获得了三项新的紧迫性共同目标，包括预防冲突升级、恢复重建地区安全秩序、共同应对俄罗斯安全威胁，而且证明了法德等盟友并不具备脱离美国单独维护欧洲安全的能力，不得不强化与美国之间的战略协调，跨大西洋同盟的松散化因新的"黏合剂"出现而暂时缓解。

第二，"俄安全威胁"激活北约。作为欧美跨大西洋合作的核心与枢纽平台，俄乌冲突也使原本深陷内部矛盾、组织目标日渐迷失的北约重新实现凝聚团结。一方面，冲突爆发后，遏制来自俄罗斯的安全威胁的紧迫需要，推动了欧洲盟国向美国的重新聚拢。无论是俄乌冲突期间一致性的对俄制裁政策，还是2022年3月24日北约峰会签署发布的联合公报内容，都凸显了北约作为一个整体在危机冲击下的空前团结；另一方面，俄乌冲突也给北约提供了进一步趁乱扩大的战略机遇。在美国的主导下，北约不仅利用俄乌冲突产生的安全压力，努力"劝说"和推动北欧的两个中立国芬兰和瑞典加入北约[1]，而且试图趁乱加速乌克兰的"入约"进程，完成"东扩"的最后一块拼图，将联盟边界推动到俄罗斯西部边疆。[2] 目前，芬兰和瑞典两国都已经正式向北约提交了加入申请，一旦获准成为北约成员国，势必给欧洲国际关系格局带来颠覆性改变。此外，北约"印太转向"并未因俄乌冲突而停止，未来向印太地区的战略转向趋势明显。2022年拜登政府发布的新版《"印太战略"报告》，明

---

[1] Mark Episkopos, "Will the Ukraine Crisis Spillover into Northern Europe?", *The National Interest*, 2022-05-22, https://nationalinterest.org/feature/will-ukraine-crisis.

[2] 冯仲平：《乌克兰危机改变了欧洲安全格局》，《世界知识》2022年第10期。

确强调要在未来基于北约平台构建和布局"印太战略"①。俄乌冲突并没有停止北约对"印太"关注的增加，未来北约对"印太事务"的介入方式，极有可能是基于"战略伙伴关系"等合作框架，利用军事、经济援助拉拢印度、日本等中国周边邻国在地缘政治战略、意识形态、价值观等方面与自己保持一致，从而构建虽无北约之名但具北约之实的"大北约"。

第三，刺激欧盟提速共同防务建设，欧美防务开支矛盾暂时得到缓解。欧洲盟友增加军备和防务建设投资意愿不足，是长期横亘在美欧之间的重要利益分歧。俄乌冲突再次证明了欧盟应对传统安全威胁能力的不足，刺激欧盟在防务能力提升方面寻求新的迈进。欧洲国家一方面不得不继续接受在安全上离不开美国和北约的事实，但另一方面发展欧盟防务的意志更加坚定。继德国朔尔茨政府宣布大幅度增加军费开支后，2022年3月22日，欧洲理事会通过了《欧盟未来十年安全与防务战略指南针》（简称《战略指南针》）②，系统布局了未来十年欧盟共同防务政策的重点领域和实施路径，所设定的目标和计划投入的资源总量都远超欧盟以往出台的同类型政策。③ 欧洲国家此番政策调整，也在一定程度上，变相回应和满足了美国政府长期以来坚持让欧洲盟友分担更多防务负担的诉求。

综上，出于对俄乌冲突引发的剧烈安全震荡的"应激反应"，美欧跨大西洋战略合作关系一定程度上得到修复甚至发展。在上述背景下，俄罗斯的战略处境变得更加不利。原本相互影响牵制的美欧俄战略三角，正在向着解体的方向快速蜕变，

---

① The White House, *Indo-Pacific Strategy of United States*, February 2022.

② EU, *A Strategic Compass for a Stronger EU Security and Defence in the Next Decade*, 22 March, 2022.

③ 徐若杰：《战略指南针勾勒欧盟共同防务新蓝图》，《世界知识》2022年第9期。

至少在当前，美欧一致对俄的"二元格局"已经初现端倪。

2. 强化了跨大西洋联盟对欧洲安全的主导作用

俄乌冲突也给现有欧洲安全架构带来了剧烈冲击。冷战后逐渐形成的以"美国牵头，北约负责，欧洲国家协同"的欧洲安全秩序架构虽然面临欧洲"战略自主"的挑战，但跨大西洋联盟仍然对欧洲安全局势起到主导作用。

第一，俄乌冲突强化了欧盟在防务领域对北约的从属地位。近年来欧盟不断强化"战略自主"意识，2016 年欧盟出台了《欧盟外交与安全政策的全球战略》文件，旨在加强欧盟及其成员国共同应对全球安全环境激烈变化带来的挑战，并将"战略自主"作为核心概念①；2017 年 12 月欧盟批准了 25 个成员国签署的防务领域"永久结构性合作"（Permanent Structured Cooperation，PESCO），旨在深化欧盟成员国之间的防务合作，涵盖了 17 个领域的合作防务项目，被认为是欧盟防务一体化进程的"重大转折"②。但几年下来欧盟防务安全的"战略自主"进展缓慢，而俄乌冲突暴露了欧洲国家在涉及切身利益的"硬安全"问题上的能力、影响力和话语权都存在巨大不足，这虽然刺激欧盟加强更大力度提升防务自主水平，但根据 2022 年 3 月欧洲理事会通过的《战略指南针》来看，欧盟仍没有摆脱对北约的安全依赖。俄乌冲突打醒了欧洲国家，凸显了欧盟在防务领域尚无法脱离北约"自立门户"的残酷现实，所以在推动"战略自主"的同时不断强调防务建设对北约的补充性而非替

---

① 田德文：《欧盟战略自主的困境与出路》，《当代世界》2021 年第 12 期。

② 相关讨论参见史志钦、田园《英国"脱欧"对欧盟安全与防务的影响》，《当代世界与社会主义》2018 年第 2 期；冯怡然：《超国家主义与政府间主义融合：欧盟新防务建设举措及前景》，《国际安全研究》2020 年第 5 期。

代性。

第二，中东欧国家的战略重要性得到提升，对美国及北约的依赖加剧。俄乌冲突对欧洲地缘政治格局产生的一个颠覆性影响是，以波兰、捷克、波罗的海三国等中东欧国家为代表的"新欧洲"国家，在跨大西洋联盟中战略地位的上升，以法德为代表的"老欧洲"国家的地位则相对下降。由于地理位置更加接近俄罗斯，加之被俄罗斯征服控制的历史记忆，"恐俄"和"亲美"两种情绪，长期存在于中东欧国家政治精英和社会公众中。因此，中东欧国家在追求战略自主方面比西欧国家谨慎，更加倾向于向美国靠拢，依靠跨大西洋战略合作框架，在美国和北约的庇护下确保自身安全。俄乌冲突使得中东欧国家成为北约援乌的重要后方，亦成为美欧与俄对抗的战略前沿地区，地缘重要性达到冷战结束以来的新高度。相比于"老欧洲"国家，中东欧国家在美欧同盟中权重的增大，或将推动欧洲通过进一步追随美国换取安全，削弱欧盟在欧洲安全议题上的自主性。

第三，美欧很难在新的欧洲安全秩序架构中继续将俄罗斯排除在外。俄乌冲突的爆发，证明了排除俄罗斯的欧洲安全秩序是不稳定和高度脆弱的。2008年华盛顿峰会后，北约多年来一直在全力推进"东扩"，在地缘上形成事实上的对俄"包围"，剧烈压缩俄罗斯的周边战略空间，拒绝回应俄罗斯的相关安全关切。2020年北马其顿加入北约，标志着苏联的所有东欧盟国均已成为北约成员国。[①] 北约亦在立陶宛、拉脱维亚、爱沙尼亚和波兰等对俄"前线国家"，部署了多国地面部队，设立了多个师级指挥所。外部安全压力是克里米亚危机和此次俄乌冲

---

① North Atlantic Treaty Organization, "North Macedonia joins NATO as 30th Ally", March 27, 2020, https://www.nato.int/cps/en/natohq/news_174589.htm.

突的根源，俄罗斯的行动可以被视作退无可退之下，针对美西方国家的剧烈反制。因此，未来欧洲安全秩序的讨论，美欧显然难以继续将俄罗斯排除在外，目前尚不明朗的是俄罗斯以何种方式融入新的欧洲安全秩序架构，这在很大程度上取决于俄乌冲突的最终结果，以及美欧俄三者的讨价还价。

3. 欧洲一体化推进困难增加

俄乌冲突增加了欧洲一体化发展面临的阻力，主要体现在冲突影响了欧洲一体化推进所仰赖的内外部条件，增加了外部环境的不确定性和欧盟内部的相关矛盾分歧。

第一，俄乌冲突对全球化产生巨大的阻滞作用，终结普惠式全球化模式甚至造成全球化趋势的回落，同时也改变美欧相处模式，动摇欧洲一体化发展的外部环境根基。欧洲一体化在冷战后的快速发展推进，离不开全球化程度的不断加深，以及美国承担了欧洲防务方面的主要成本投入，使得欧盟拥有充足的物质和制度条件，在共同市场、欧元区、全球治理等领域发挥和扩大规范性力量。[1] 一方面，俄乌冲突打破了欧洲多年无大规模武装冲突的无战争状态，使深受新冠肺炎疫情和民粹主义因素影响的全球化再遭挫折。西方对俄制裁已经表明，普惠式的全球化红利将逐渐消失，民族主义和贸易保护主义将随之抬头[2]，金融武器化、贸易武器化、供应链武器化等新的"泛安全化"现象[3]，将会给全球化趋势带来持续影响甚至最终导致逆

---

[1] 参见周弘主编《欧盟是怎样的力量——兼论欧洲一体化对世界多极化的影响》，社会科学文献出版社2009年版；赵怀普：《欧盟政治与外交》，世界知识出版社2021年版。

[2] 赵隆等：《俄乌冲突与国际政治经济博弈笔谈》，《国际展望》2022年第3期。

[3] 张超、吴白乙：《"泛安全化陷阱"及其跨越》，《国际展望》2022年第2期。

转；另一方面，俄乌冲突刺激了欧洲国家关注传统安全问题，被迫增加在该领域的资源投入。传统的"美国负责安全，欧洲负责发展"的美欧关系模式成为历史，未来欧盟国家有多少资源和意愿同时兼顾防务和推进一体化尚存疑问。

第二，欧盟内部矛盾分歧或将随着俄乌冲突的逐渐结束而爆发，从内部影响欧洲一体化的发展。当前欧盟内部对俄政策立场的统一，更多的是由于俄军事行动带来的安全压力和焦虑情绪，是一种临时性的团结。原有的矛盾不仅没有消除，反而增加了新的潜在矛盾。具体而言，一方面，随着中东欧国家战略价值的增加，新老欧洲国家对欧洲一体化不同的理解，很可能会导致欧盟内部出现巨大分裂，推进一体化的具体政策或因成员国相互掣肘而难以达成；另一方面，乌克兰正在利用俄乌冲突积极造势，试图借机绕过欧盟复杂的准入审批流程和严苛的政治经济条件，破格成为欧盟成员国，这一问题已经在欧盟内部引发了不小争论①。如果欧盟破格吸纳乌克兰加入，将会拉大各成员国之间的发展鸿沟，也影响欧盟加入程序和标准的合法性，这种合法性正是欧洲一体化发展的重要制度保障之一。在欧洲宪法危机始终难以找到出路的大背景下，这种合法性的削弱带来的负面影响，不仅会对欧洲一体化继续深化推进造成障碍，甚至可能会危及欧盟本身的存在。

（二）欧洲应对俄乌冲突影响的政治和安全手段

欧洲无论是在国家层面还是区域组织层面上（欧盟、北约），面对俄乌冲突爆发后带来的巨大地缘政治安全冲击，都做

---

① 捷克、拉脱维亚、立陶宛、保加利亚、爱沙尼亚、波兰、斯洛伐克和斯洛文尼亚国家领导人明确表态支持欧盟立即启动对乌克兰的快速吸纳，而德国总理朔尔茨公开表示反对欧盟破格吸收乌克兰为成员。

出了相关反应来应对冲突造成的影响。

1. 欧洲国家应对手段和策略

欧洲各国在应对俄乌冲突中既有共同之处,但各国在其中又根据自身情况和各自战略利益实施相关政策。

①"挺乌反俄"成为欧洲各国基本立场

俄乌冲突爆发后,在"震惊和愤怒"的同时,欧洲范围内掀起了"挺乌反俄"的浪潮。大部分欧洲国家均谴责俄罗斯对乌克兰的特别军事行动是"侵略行为",除了匈牙利、塞尔维亚、波黑、梵蒂冈、摩尔多瓦等少数国家外,大多数欧洲国家参与了对俄罗斯进行全面制裁。以英国、法国、德国、波兰为代表的欧洲大国也纷纷对乌克兰进行军事援助,涉及坦克、装甲车辆、大口径火炮等重型武器及无人机、雷达、防空导弹等高科技装备。更多的欧洲国家则是对乌克兰提供人道主义救援物资,乌克兰邻近的中东欧国家如波兰、斯洛伐克、匈牙利、罗马尼亚、捷克及波罗的海三国主动接纳、安置乌克兰难民。总之,"挺乌反俄"已成为欧洲国家主流的立场和政策。

②欧洲各国加强本国防务力量,增加国防开支

俄乌冲突爆发后,欧洲国家,特别是欧洲的北约成员国纷纷增加国防开支,加强本国防务力量建设。根据北约方面的统计显示,2021 年北约欧洲成员国中仅有希腊、英国、波兰、克罗地亚、拉脱维亚、爱沙尼亚、立陶宛等国军费开支达到北约要求占 GDP 2% 的标准。[①] 但冲突爆发后,已有 6 个北约欧洲成员国决定增加军费,总额超过 1300 亿美元,非北约国家的瑞典、芬兰也竞相表示提高军费开支。特别是德国、英国、法国、

---

① North Atlantic Treaty Organization, "Defence Expenditure of NATO Countries (2014 – 2021)", March 31, 2022, https://www.nato.int/cps/en/natohq/news_193983.htm? selectedLocale = en.

波兰等欧洲大国增加国防开支的幅度明显。2022年5月，德国执政党与反对党基民盟一致同意修改宪法，允许设立一个1000亿欧元的特别国防基金，用于重新武装德国军队并对其装备进行现代化改造；英国批准了将国防预算增加超过165亿英镑的计划，并宣布到2024年至2025年其国防预算将达到474亿英镑；法国宣布将2022年的国防预算增加20亿美元以上，达到国防开支在GDP占比2%的北约标准；2022年3月波兰通过《保卫祖国法》，从2023年起波兰每年的国防开支至少达到国内生产总值的3%，达到约222亿美元。① 上述国家均表示，增加的军费开支主要用于采购各类先进武器，以及扩充现有军队数量，以应对冲突带来的地缘安全危机。

③欧洲各国在谈判解决冲突问题上难以一致

德法两国一直没有放弃通过外交斡旋推动俄乌双方谈判以解决冲突，但是英国及部分中东欧国家却力主对俄强硬，希望西方联合一致加大对乌克兰的军事援助，以彻底击退俄罗斯的"侵略进攻"。

法国虽然也指责俄罗斯是"侵略行为"，但仍希望尽快解决这一冲突，防止其外溢扩大到欧洲其他地区。因此在向俄罗斯施压的同时，力求通过谈判解决冲突。法国总统马克龙多次与普京通话会谈，自称2022年前五个月至少与普京进行了100个小时的电话会谈，② 且公开呼吁"不要羞辱俄罗斯"，力图创造俄欧谈判的有利环境。德国方面，俄乌冲突持续时间越长，德国遭受的经济压力越大，包括能源价格上涨、通胀率上升和经

---

① 《受俄乌冲突刺激 欧洲各国争相涨军费》，中青在线，2022年3月30日，http://news.cyol.com/gb/articles/2022-03/30/content_nlPj5hey9.html。

② 《马克龙：半年来我和普京至少通话100小时，法国应充当调解人》，观察者网，2022年6月4日，https://www.guancha.cn/internation/2022_06_04_642841.shtml。

济增长放缓。此外，德国公众在对乌克兰的军事支持问题上存在分歧。2022年4月底，德国民意调查机构的调查显示，56%的受访者支持向乌克兰提供重型武器，39%的受访者反对，并且59%的受访者认为输送重型武器会增加俄罗斯袭击欧洲的风险。① 这就导致在俄乌冲突爆发初期，德国持谨慎态度，不愿提供重型武器，以免激怒俄罗斯，将冲突升级并引火上身。同时，德国仍希望通过和谈来解决俄乌冲突，5月德国总理朔尔茨两次与普京通电话，他呼吁俄乌双方实现停火并撤出俄罗斯军队的同时，双方就俄乌谈判、乌克兰粮食出口以及乌方被俘人员待遇等问题进行了讨论。

在德法试图保持对俄外交斡旋和政治谈判的同时，英国以及以波兰为代表的部分中东欧国家坚决要求对俄采取进一步强硬措施，增加对乌军事援助，想在乌克兰彻底击败俄罗斯。首先，英国试图利用俄乌冲突来实现对欧洲大陆的分化瓦解，强化北约对欧洲安全格局的主导，进而使俄乌冲突在其全球战略中发挥"工具性"作用。在俄乌冲突问题上，英国的首要目标是确保俄罗斯失败，明确将"普京失败"作为战略目标，尽管没有派出大规模部队参战，但通过经济战、金融战、信息战以及对乌克兰的经济军事援助等形式深入广泛地介入俄乌冲突。其次，强化北约领导地位。俄乌冲突爆发后，英国加强在地中海及波罗的海的军事存在，积极在北约内部发挥协调作用，一方面强化北约在欧洲政治军事安全中的作用；另一方面凸显自身在北约中的地位。最后，瓦解欧洲"战略自主"。英国不希望欧洲强大，一直通过各种方式阻碍欧洲走向统一。英国脱欧后一直采取强化与欧洲国家双边安全关系的方式来侵蚀欧洲共同安全机制的根基，俄乌冲突爆发

---

① "Mehrheit: Bundesregierung tut zu wenig zur Entlastung bei den hohen Preisen-Corona: Klare Mehrheiten gegen Schulschließungen und Lockdown", Forschungsgruppe Wahlen, December 8, 2022, https://www.forschungsgruppe.de/Aktuelles/Politbarometer/.

前英国就直接与波兰、乌克兰建立了安全协调机制，可以绕过欧盟加大对两国的军事安全支持。

波兰由于历史情结和现实地缘政治因素，将俄罗斯视为自身最大的安全威胁，因此在俄乌冲突上波兰"抗俄援乌"的立场十分坚定，介入程度也最深。首先，波兰鼓动西方加强对乌援助，与俄绝不妥协。有波兰智库认为，俄罗斯军事实力雄厚且事态发展对俄逐渐有利，今后西方应加强对乌全面军事援助，进而使乌军武器系统彻底"西方化"。[①] 此外，波兰在北约欧盟内部积极活动，极力主张将军事冲突引向经济战争，将俄乌冲突引向俄罗斯和西方的对决。其次，对乌军事援助可能升级为军事干预。俄乌冲突爆发后波兰已成为仅次于美国的第二大对乌提供军事援助的国家，两国还签署了军事合作协议，但具体内容对外保密，有媒体称波兰已经有两个营的兵力以志愿军的方式进入乌克兰，波方对此予以否认，但波对乌进行直接军事干预的可能性是存在的。最后，波乌不断推进两国"一体化"合作。波兰与乌克兰除了军事方面的合作外，在边境、人员流动等方面也加强合作。波兰总统安杰伊·杜达2022年5月3日公开表示："乌克兰将成为波兰的兄弟国家，两国不会有边界。"[②] 2022年5月22日杜达访问基辅期间，波乌两国领导人表示要就边境、海关达成全面合作协议，而此前波兰议会通过一项法律，规定由于"俄罗斯侵略"而被迫移居波兰的乌克兰公民将获得与波兰公民几乎相同的权利，

[①] Andrzej Wilk, Wojna niewygrana, "Sytuacja militarna po 100 dniach rosyjskiej agresji przeciwko Ukrainie", https：//www. osw. waw. pl/pl/publikacje/komentarze-osw/ 2022-06-03/wojna-niewygrana-wojna-nieprzegrana-sytuacja-militarna-po-100.

[②] "President's speech marking the central celebrations of the National Day of the Third of May", The Official website of the President of the Republic of Poland, May 3, 2022, https：//www. president. pl/news/presidents-speech-marking-the-central-celebrations-of-the-national-day-of-the-third-of-may, 53322.

包括居住、就业、教育、医疗和社会保障等。因此，有媒体称波兰与乌克兰正在形成一个"事实上的邦联"。① 乌克兰西部地区在历史文化、民族宗教上与波兰渊源深厚，俄乌冲突爆发以来很多消息指出波兰可能会改变乌克兰的边界，直接将乌克兰的西部地区（如利沃夫）划入波兰，从而恢复波兰曾经的"大国版图"。但波兰政府对此态度谨慎，强调不会改变现有边界，并且指责这是俄方散布的假消息。

综上所见，欧洲国家之间在对待俄罗斯的立场和政策上有着明显的差异。英国、波兰等对俄强硬的国家多次公开批评德法两国领导人对俄政策过于软弱，波兰总理曾公开批评法德两国对俄是"绥靖政策"，英国媒体也措辞激烈地批评德国与法国在俄乌冲突中表现"可耻"。同时，以匈牙利、塞尔维亚为代表的部分欧洲国家强烈反对对俄全面制裁，担心制裁会给自身经济带来严重的负面影响。

总之，俄乌冲突深刻影响了欧洲地缘安全环境，欧洲国家对此反应激烈，出于自身利益考量，他们在"挺乌反俄"的基本立场下纷纷加强防务力量建设，但在如何处理对俄关系问题上态度多样，很难达成一致。正如欧洲智库欧洲对外关系委员会评论文章指出，部分欧洲国家希望未来欧洲安全秩序建立在排除和威慑俄的基础上，但也有国家认为，未来欧洲想要实现稳定和平就需要与俄达成某种一致，"欧洲人是否依然如此团结，或者是否能够共同塑造未来的解决方案还远未确定"②。

---

① Andrew Korybko, "Poland & Ukraine Are Merging into a De Facto Confederation", One World, 23 May, 2022, https://astutenews.com/2022/05/poland-ukraine-are-merging-into-a-de-facto-confederation/.

② Marie Dumoulin, "The meaning of victory: How Russia's war on Ukraine could divide Europeans", European Council on Foveign Relations, May 27, 2022, https://ecfr.eu/article/the-meaning-of-victory-how-russias-war-on-ukraine-could-divide-europeans/.

2. 俄乌冲突下欧盟与北约地缘安全战略和政策

欧盟和北约作为欧洲地缘安全所依仗的重要机构和组织，近年来一直将俄罗斯作为首要的战略威胁予以防范，俄乌冲突的爆发在它们看来是"印证"了其对俄的观点。因此新一轮欧盟和北约安全战略调整，主要聚焦在如何继续强化对俄遏制，以及在未来如何修复因俄乌冲突而濒临崩坏的欧洲安全秩序。

①欧盟安全战略的"变"与"不变"

2022年3月22日欧洲理事会通过了《欧盟未来十年安全与防务战略指南针》①，提出了欧盟未来安全防务政策的战略重点、政策制定、实施路径，集中体现了欧盟在应对俄乌冲突带来的地缘安全威胁时的战略防务政策。在这其中体现了欧盟一方面要加大"硬实力"建设来应对欧洲地缘安全动荡；另一方面体现了欧盟难以突破原有安全政策框架从而改变安全战略所面临的机制性困境。

首先，《战略指南针》体现了欧盟对当前所处安全环境剧烈变化的担忧，提出了一些应对策略。《战略指南针》要求欧盟成员国对面临的威胁进行一致评估；促进在执行"共同安全与防卫政策"（CSDP）方面的高效与灵活性；发展欧盟快速部署能力，在应对安全危机时能够迅速部署5000名士兵，定期举行实战演习；加强防御信息战、混合战的能力，并建立专门的机构和反应机制；增加欧盟成员国对军事防务的开支，扩大欧洲和平基金的使用范围以增加对乌克兰的军事援助和提升高科技武器装备的研发能力。上述安全战略体现了欧盟在俄乌冲突后对

---

① "A Strategic Compass for Security and Defence—For a European Union that protects its citizens, values and interests and contributes to international peace and security", Council of the European Union, March 21, 2022, https://data.consilium.europa.eu/doc/document/ST-7371-2022-INIT/en/pdf.

自身安全环境的担忧,并提出了加强安全防务力量的具体措施。

其次,《战略指南针》也体现出欧盟安全战略中面临难以改变的困境。一是仍旧将欧盟军事力量视为北约集体防务力量的组成部分。文件明确指出,"欧盟的安全防务力量是北约的重要组成部分",而北约则是欧洲共同防卫的基础。这就表明欧盟摆脱不了美国的控制,更难实现"战略自主"。二是CSDP决策机制没有重大改变。虽然文件提及了要提升欧盟安全决策机制的效率,但没有改变安全战略的实施仍需要成员国一致同意授权这一基本原则,这就导致其实施效率难以快速提升。三是实施安全战略决心和能力仍备受质疑。《战略指南针》提出了一系列加强防务的措施,但没有提出时间和步骤,再加上欧盟缺乏对外安全行动的经验,所以能否在短期内实现《战略指南针》中所提出的目标广受质疑。

可见,欧盟的《战略指南针》虽然试图提升自身安全防卫能力来应对日益恶化的地缘战略环境,在2017年"永久结构性合作"框架协议基础上进一步提升防务能力,但由于欧盟在政治、军事领域一体化程度很低,难以对变化的安全环境做出快速反应,加之成员国之间仍对俄乌冲突有不同立场,这就使得欧盟战略调整面临各种掣肘,难以快速实现。

②北约有明确安全战略目标和较强实施能力

北约近年来安全战略指向明确,日益成为美国控制下,抱守冷战对抗思维,高度意识形态化且持续膨胀的军事集团。北约的安全战略核心是将俄罗斯锚定为最大的战略威胁,并不断挤压俄战略安全空间,具体举措包括:

第一,不顾俄罗斯的多次警告和欧洲安全形势的日益失控,利用俄乌冲突,试图趁乱吸纳乌克兰为成员国,完成"东扩"的最后一块拼图,将北约边界推动到俄罗斯西部边疆,以保持对俄军事压力和形成事实上的对俄地缘战略包围。自俄乌冲突爆发以来,北约强调要给乌克兰"抗俄入侵"提供大力支持,向乌克兰释放出北约将始终作为乌军对俄作战的"后盾"的明确战略信号。北约"雪中送炭"的行为也给予了泽连斯基政府延续冲突的信心。例如2022年3月24日北约召开了关于俄乌冲突的特别峰会后，乌克兰政府迅速改变了在土耳其会谈中的"促和"倾向，转而采取更为强硬的对俄政策，泽连斯基在直播中表示，乌克兰根本不会考虑条约中关于去军事化和去纳粹化的条款，并称乌克兰已准备好加入北约。北约的搅局让俄乌冲突的和平解决再次蒙上了一层阴影，此前三次会谈的积极成果被"清零"，不仅防止了俄乌达成不利于北约利益的协议，而且也为北约的后续介入保留了空间。与此同时，北约也派遣武装力量在波罗的海至黑海一线集结，并开展大量军事演习，为未来可能性的直接介入做准备。

第二，努力推动北欧的两个中立国芬兰和瑞典加入北约。俄乌冲突爆发后，作为一个标榜维护跨大西洋集体安全的"防御性"组织，北约不但没有认真反思自身持续扩大与冲突爆发之间的密切关系，反而趁乱将"橄榄枝"伸向了北欧中立国家。俄乌冲突爆发后，芬兰、瑞典两国民众对加入北约的支持率明显上升，北约也积极推动与两国关系。北约秘书长多次表示与芬兰、瑞典拥有共同的价值观及民主法制体系，且已建立了密切合作伙伴关系，北约的大门向他们敞开着。最终在2022年5月15日和5月16日芬兰与瑞典相继正式宣布加入北约，北约内部除了土耳其强烈反对之外，其余国家均表示热烈欢迎并开启了相关程序。未来芬、瑞两国的加入不仅意味着北约对俄形成了更加全方位的围堵，同时美国对欧洲安全战略的浸透力度将愈加显著。

第三，美国利用欧洲内部分歧，通过北约对欧洲"分而治之"，牢牢掌握住欧洲安全战略主动性。近年来以德法为核心的"老欧洲"国家与欧盟的中东欧成员国在难民问题、欧盟资金分配、法制民主原则上产生了诸多矛盾，安全防务问题上中东欧国家更加相信和依赖美国主导的北约。美国也充分利用这一分歧，在特朗普执政时期就积极拉拢中东欧国家，增加在波兰等国驻军，直接参与"三海倡议"，鼓吹反俄反华意识形态联盟。虽然拜登上台后提出修复与德法的跨大西洋同盟关系，但在对俄政策上北约完全占据主导地位，法德虽主张对俄缓和，但美国充分利用中东欧国家恐俄心理以及在欧洲早已形成的反俄政治氛围，使北约成为美国遏制打压俄罗斯，左右欧洲安全战略的工具。

（三）结语

由于中欧之间实力和影响力的变化以及欧洲内部政治生态恶化等诸多原因，近两年来中欧关系的发展遭遇到诸多挑战。俄乌冲突带来欧洲地缘安全动荡，一方面加剧了中欧摩擦的风险，不利于中欧关系的发展；另一方面，俄乌冲突尚未结束且其后续影响难以预测，而中欧之间政治合作基础仍在，中欧在应对冲突的不利影响方面具有共同利益，应相向而行。

三　俄乌冲突下欧洲政治生态的"中东欧化"及前景[*]

2022年年初俄罗斯向乌克兰发起"特别军事行动"震惊了整个欧洲，尤其是中东欧国家，大部分中东欧国家是俄罗斯的近邻，与俄有着复杂的历史和宗教联系，在经济、能源等方面依赖俄罗斯，在安全问题上存在持久矛盾。冲突发生后，出于对自身安全的考虑，大部分中东欧国家（匈牙利、塞尔维亚和部分西巴尔干国家在一些具体政策中除外）在应对俄军事行动上，反应最迅速（第一时间强烈谴责俄"入侵"行为）、态度最坚决（力主对俄进行强力的制裁来进行极限施压）、行动最彻底（推动能源"去俄化"、加强军事和人道主义援助、支持乌加入欧盟）、政策最激进（最先驱逐俄外交官，批评俄实施种族灭绝政策并进行调查）、承诺最有力（从2022年1月到6月，波兰等中东欧国家承诺对乌克兰的军事援助近100%落实到位，相比之下美国落实48%、德国落实35%、澳大利亚落实37%），成为反俄、联美的重要牵头力量，从而也推动了整个欧洲政治生态的"中东欧化"。

所谓"中东欧化"，就是欧洲政治中集中推动"去俄化"以及由此在经济、金融、能源、安全与防务、人文等相关政策领域的转变或调整，开始全面"去俄化"进程。欧洲政治生态的

---

[*] 刘作奎，历史学博士，中国社会科学院欧洲研究所研究员。

"中东欧化"是一个临时现象还是会成为一个持久的现象仍有待观察。

（一）俄乌冲突对欧洲的影响及欧洲政治生态的"中东欧化"

俄乌冲突对欧洲产生了全面和深刻的影响，推动了欧洲外交和安全战略的转变，更助推了欧洲政治生态的转变，"中东欧化"趋势日益明晰。

1. 俄乌冲突对欧洲产生多重负面影响

欧洲是俄乌冲突的大输家，成为主要受害者，主要体现在下列方面。

一是欧盟睦邻政策受到冲击，重建欧俄安全关系将更多地受制于美俄关系的走势。欧洲无力构建稳定的睦邻政策，长期以来管控同邻国伙伴合作的机制受到彻底破坏，"唇亡齿寒"效应将长期困扰欧洲。

二是东、西欧地区在对俄政策上的协调难度更大，甚至导致欧洲联合和一体化进程更难深化。冲突爆发初期，欧洲显示了一直反对俄罗斯的统一立场。随着冲突持续深化，东西欧之间在安全和防务上的矛盾开始深化，东欧寻求深度依赖美国和北约的支持，而法德则看到战略自主的重要性，东西欧之间的矛盾令统合更加困难，政治上更加分裂的欧洲将会持续较长时间。欧盟寻求防务独立、"战略自主"和世界重要"一极"的可能性被严重削弱。"北溪2号"管道停摆，欧洲国家被迫购买美国高价油气，也被道德绑架，与美国一同制裁俄罗斯，支持、援助乌克兰，使得欧盟勤力打造的"战略自主"不得不暂时让位于美欧同盟关系，影响甚至可能偏离欧洲为自己设定的发展进程。

三是欧俄经贸联系更加脆弱，欧洲的能源安全在价值链、供应链上风险点倍增。能源安全对欧洲的影响挥之不去，同时也对能源低碳化转型造成冲击。

四是欧元相对于美元的竞争地位也将持续受压、走低。在多重风险的影响下，美元再次成为跨境资本的"避险港湾"，欧元再度受到打压。

五是俄乌冲突引发的新一轮难民危机不仅给欧盟各国带来新的经济压力，更是刺激了欧洲内部难以控制的民粹势力，搅动了欧盟社会分裂的浑水。联合国估计乌克兰难民有五百万人，但随着冲突的持续，把这个数字提升到了一千万。难民规模已经大大超过前两次难民危机，这将给欧洲带来巨大的经济和社会压力。

2. 欧洲政治生态"中东欧化"的具体表现

这场冲突对欧洲政治生态的影响则是全方位的和具体的，尤其是中东欧国家反对俄入侵、应对安全危机成为最大的政治任务，无条件反俄是一种政治正确，强化对美安全依赖与合作是主要的国家安全战略选择。由此，欧洲内部跨大西洋板块力量的提升和话语权的增长，明显冲击了欧洲政治发展的旧格局，比如在冲突中德国的应对措施受到中东欧国家批评，德国不得不在中东欧力量或其他因素的推动下做出政策调整。总结起来，欧洲国家的政治生态有如下三个方面。

首先是反俄、去俄情绪加重，记忆政治复兴，反俄成为政治正确。

波兰、波罗的海、捷克等国家明确或隐形立法禁止在乌克兰问题上发表不正当言论，亲俄力量和声音短时间内消失，这种做法对多个西欧和北欧国家产生明显影响，比如德国对亲俄的施罗德进行清算，批评默克尔的对俄政策等。

中东欧国家尤其是中欧和波罗的海国家"去俄化"基础较为深厚，在冲突中借机加以强化并试图影响其他欧洲国家的政治选择。苏联解体后，中东欧国家在语言政策上率先开始了"去俄化"，除了白俄罗斯和中亚的哈萨克斯坦将俄语列为第二官方语言，其他原苏联各加盟共和国都确立了单一国语制度，本民族语言是唯一的官方语言。"去俄化"很大一部分是清除中东欧国家在社会主义时期的历史遗存，主要包括：其一，清洗，对现有官员等精英进行审查来确定他们是不是同共产主义时期的秘密部门合作过；其二，起诉，向公众公开共产主义时期秘密部门文件，起诉在共产主义时期公开犯罪的官员，这种政策在其入欧转型过程中获得极大合法性，目前在欧洲政坛也出现新形式的反思对俄政策，加快政策切割。

"去俄化"还表现为加强同美国（北约）的安全合作，积极推动美国在中东欧驻军常态化和机制化。中东欧国家一直是推动同北约进行安全合作的急先锋，成为欧洲内部最亲美和亲北约的力量。经历此次冲突后，整个欧盟和多个欧洲国家对北约的依赖加深，纷纷进行军事和防务政策调整，欧盟发布《战略指南针》计划，深化对北约的协同依赖，包括德国在内的大部分国家提升防务预算至北约要求的水平。北欧国家政治生态发生变化，积极启动加入北约进程。在新的欧洲安全秩序构建中，波兰和波罗的海三国等国家的意图比较明显，欧洲安全秩序构建要以"去俄化"为主要目的，而不是让俄有一席之地。在金融、能源、科技、人文等领域要积极"去俄化"，这个周期越短越好。尽管欧洲大国法国和德国有不同看法，但在北约主导的强力反俄政策策动下，暂时难以有更多的政策斡旋空间。

中东欧国家在处理同俄关系上具有鲜明的记忆政治特点，即在对待历史问题上，走得比较极端，采取对俄记忆"一刀切"做法。1998年12月，波兰议会通过立法，成立了民族记忆学院，专门调查波兰在社会主义时期可能存在的内部"政治迫害"行为，成为记忆政治深刻影响政策走向的一个重要事件。2018年9月波兰外交部让几乎所有毕业于莫斯科国际关系学院的波兰外交官辞去职务，101名波兰大使中的86人被波兰外交部解雇。在俄乌冲突的新背景下，欧洲国家以制裁俄实体和个人、大规模驱逐俄罗斯外交官为特点，重新复兴记忆政治，推动人员往来的政治化。

其次是从经济优先到安全优先，经贸等务实合作政策开始深度"泛安全化"。

德俄"北溪2号"项目被停止认证是标志性事件，欧洲整体生态从经贸合作优先转型到安全优先。当初中东欧加入欧洲就是为了换个活法，获得更多的经济发展和民生改善机会，但现在寻求生存优先、"安全第一"政策。一些中东欧国家也步入准战时动员状态，表明了其安全化发展趋势，这种转变也驱动着欧洲政治生态的变化。欧盟能源战略的转型很大程度上也是由经济利益驱动转为安全驱动，经贸领域泛安全化的趋势也因为此次冲突开始加重。外部行为体在欧洲开展经贸和投资合作的安全门槛越来越高。

再次是加强安全防护工作，加强同美国（北约）的安全合作，积极推动美国在中东欧驻军常态化和机制化。

波兰、波罗的海三国、罗马尼亚等国家纷纷将北约的存在机制化和常态化，引入北约防务力量，极大地破坏了俄罗斯同北约的安全互信。东欧剧变、苏联解体后，中东欧国家在军事上开始融入北约并根据北约的要求进行转型。中东欧国家加入北约的主要目标就是获取安全承诺的双保险，即《北大西洋公约》第五条所规定的集体自卫原则以及包括联盟军队部署、武器装备配置、指挥研发中心建设在内的欧洲东翼战略部署。中东欧国家通过积极配合北约在欧洲东翼战略部署，推动自身获得真枪实弹的保护。

在这当中，波兰最为典型。1992年11月2日，波兰众议院国防委员会通过了《波兰安全政策要点》和《波兰共和国的安全政策和防御战略》两个文件。1999年，波兰加入北约，随后开始积极推动北约在中东欧的安全防卫工作。波兰支持美国和北约在本国部署导弹防御系统从而应对来自俄罗斯的威胁。2007年1月，美国开始计划在波兰部署导弹防御系统。2008年8月20日，波兰与美国达成正式协议，允许美国导弹防御基地落户波兰。2017年4月，波兰官方举行高规格仪式，欢迎美国和北约近千名军人进驻波兰。2018年9月，波兰总统杜达访问美国时表示，波兰寻求美军驻扎，表示愿意耗资20亿美元，为美军建设永久性军事基地，寻求与美国缔结更紧密的安全关系。

中东欧国家通过主动拉入北约防御力量部署到自身领土上加剧了邻居俄罗斯的不安全感，也加深了同中东欧国家的安全矛盾。

最后是坚持地缘政治导向的政策选择。

之所以选择地缘政治导向的政策是因为涉及中东欧生死存亡问题，同时也是中东欧在欧盟内部提升影响力、塑造话语权的契机，尤其是波兰，在这场冲突中成为地缘政治欧洲某种程度上的领导者之一，在话语权塑造、政策工具投放、地缘桥梁上发挥了独一无二的作用，并团结了欧洲内部的大西洋派，牵引了欧洲的政策选择。冲突背景下，欧盟不但无法再挑刺批评波兰法治问题，而且欧盟基金非但不扣留反而足额发放，而对匈牙利则一直扣押着欧盟基金。这在某种程度上说明，地缘政治政策选择成为欧洲的主流政治话语，也有助于波兰和中东欧国家提升话语权和影响力。在英国脱欧后，中东欧板块力量行情看涨，不但接过了跨大西洋合作的接力棒，而且借助地缘政治工具，在欧盟内部获得更大的要价权和影响力。

一些欧洲国家地缘政治工具的选择主要聚焦于联美反俄、紧追美国战车，热衷参与地缘政治博弈。欧洲国家还积极加快供应链和原材料依赖的多元化，积极推动价值观外交，支持北约扩大，热烈拥抱北欧两国加入北约等。

2019年冯德莱恩组成新一届欧盟委员会的时候，大力倡导地缘政治委员会，当时人们普遍的理解是欧盟寻求在大国博弈中自身的存在感和价值观时，欧洲却义无反顾地走上跨大西洋联盟同俄罗斯对抗的道路，将不同发展道路和模式的国家中国定义为体系性对手。如今，地缘政治委员会因乌克兰危机被赋予了更多的合法性，欧洲进一步因地缘政治因素被团结和动员起来，强化同俄地缘政治竞争，对俄采取极限施压，追求自身绝对安全。危机爆发后，欧盟委员会除了协调加大对俄制裁外，还积极推动对俄去依赖化，尤其是能源领域的去依赖化。在制裁方面，欧盟委员会积极推动并参与美西方对俄的极限施压，迄今为止对俄实施了六轮制裁，欧盟委员会将摆脱对俄罗斯的能源依赖摆在首要位置，迅速出台"重新赋能欧盟"计划加以应对。欧洲版的"去俄化"地缘政治战略主要以价值观＋新型的地缘经济脱钩或去依赖化呈现的。

（二）对欧洲政治生态"中东欧化"未来走势的总体判断

首先是"中东欧化"的总体影响力会随着冲突进程的变化而出现变化。一方面，如果冲突长期化，则中东欧板块的影响是会持续的，会成为欧洲政治进程中日益增长的力量，持久影响欧洲政治生态的进一步"中东欧化"；另一方面，如果冲突是短期的，并且俄罗斯在这场冲突中获得明确的胜利的时候，欧洲政治生态中的"中东欧化"因素会下降，欧洲大国一定会寻求同俄开展更多的外交协调和谈判，进而挤压了中东欧板块发挥力量的空间，从而可能使"中东欧化"昙花一现。

事实上，中东欧国家较为多元，在一些议题领域还有很大分歧，因为冲突威胁矛盾还没有完全呈现出来。塞尔维亚、匈牙利对中东欧不少国家的政策持保留态度，西巴尔干地区国家因入盟受阻、经济发展空间受限，也对冲突持观望态度，中东欧的东南部板块跟北部板块和中部板块部分国家的态度温差明显，明显不同步。因此，中东欧板块的影响目前主要集中在前线国家波兰和波罗的海三国的牵引作用，其他国家被动跟进的状态。一旦出现不利态势，中东欧内部首先会出现分裂，进而影响力下降。

客观地看，欧洲发展的地缘政治化不符合欧洲发展大方向，欧洲绝大多数人不愿意看到冷战的再度重演。政治欧洲建设朝着更具凝聚力、更安全以及更快恢复经济发展的和平主义路线符合绝大多数欧洲人和政党的利益。

其次是可能会在未来再度经历政治生态民粹化的发展过程。

欧洲的政策选择可能进入另一个政党政治周期循环，即向右翼极端化方向发展，但并不具有可持续性，危机驱动的模式仍在持续，情绪政治将使上述国家的未来政策再度陷入困境。随着通胀、持续物价上涨和生活窘迫，能源和安全政策掏空国家发展潜力从而使外交逐渐反噬内政的时候，百姓上街、民粹力量卷土重来，导致重组政府的可能性大增。反观政策较为理性温和、讲究务实性的温和右翼代表塞尔维亚和匈牙利，则验证了其政策的成熟性和弹性，政局也较为稳定，也成为中东欧国家中政策自主性相对较强的板块力量的代表。这两个代表尽管在欧盟内部不受重视甚至受到排挤，但经历俄乌冲突洗礼后，其发展模式和取向可能迎来新的发展空间。

最后是欧洲未来必须考虑如何安置俄罗斯问题，这可能使中东欧板块力量失去话语权，从而使欧洲政治生态再度回到西欧化或传统的欧洲化话语路径上。

俄罗斯是欧洲搬不走的邻居，无视俄罗斯的存在而做出安全安排注定是不现实的。在这一点上，欧洲传统大国势必会在推动和平重启、推动新版的欧洲政治进程和依赖欧洲"战略自主"等，重新掌握话语权，而中东欧板块力量重回话语弱势地位，使其影响力进一步下降，使得欧洲政治生态重回"欧洲化"的大发展趋势当中。

四　俄乌冲突对美欧俄关系的影响[*]

2022年2月24日爆发的俄乌冲突是第二次世界大战后在欧洲爆发的规模最大的一场地缘政治冲突，它如果走向"阿富汗化"或"越南化"，将不仅给世界粮食安全、能源格局和经济发展带来巨大挑战，也会对包括欧洲安全秩序在内的全球政治秩序和时代主题造成重大冲击。俄乌冲突目前仍在延续，尽管结果未定，但它已撼动中国、美国、欧洲和俄罗斯四大世界主要力量之间的关系，给整个国际关系带来深远影响。

（一）俄乌冲突对国际秩序的冲击

2022年2月24日，俄罗斯总统普京宣布实施"特别军事行动"，俄乌冲突正式爆发。普京的直接目标是"将顿巴斯人民从针对他们的'种族灭绝'中解放出来"，但这场"特别军事行动"的根本目标是重塑欧洲安全秩序，解决俄罗斯的安全空间问题。在2022年2月21日和24日发表的两次电视讲话中，普京明言"乌克兰加入北约以及随后北约在此部署设施已成定局，只是时间问题"[①]，

---

[*] 赵晨，中国社会科学院欧洲研究所研究员，欧洲国际关系研究室主任。

[①]《普京2月21日关于乌克兰问题的电视讲话（全译稿）》，财新网，2022年2月26日，https：//database.caixin.com/m/2022-02-26/101847324.html。

"对我们来说，北约基础设施的继续扩大和已开始对乌克兰领土实施的开发是绝对不可接受的"，"在紧邻我国的地区……在我们的历史领土上，将建立一个与我们为敌的'反俄罗斯'，它完全受控于外部势力，驻有北约国家重兵而且配备最先进的武器"，所以"我们根本没有任何其他机会来保卫俄罗斯和俄罗斯民众，除了我们今天不得不采取的办法"①。2021年12月17日，俄罗斯外交部向美国和北约提出了三点安全保障要求，包括北约承诺不把乌克兰等国家纳入北约、美国不在非北约成员国的苏联时期加盟共和国领土上建立军事基地（即回复到1997年前状态）、不同这些国家发展军事合作。2022年1月26日，俄罗斯收到美国和北约关于俄方所提安全保障建议的书面答复，但这并不是一份积极的答复。在外交谈判无果的情况下，普京选择用武力为俄罗斯开拓安全空间，尝试扭转冷战结束以来俄罗斯战略空间一再被压缩的被动局面，将乌克兰变为自己同西方之间的缓冲地带。

俄罗斯以武力的方式对冷战结束后以美国单极霸权为支撑的安全层面的自由主义国际秩序②进行"反抗"，以寻求它在后苏联空间的主导地位以及与西方世界的平衡，是传统地缘政治思维和现实主义核心概念"均势"在现实世界的投射。作为进攻性现实主义理论的倡导者，美国芝加哥大学教授约翰·米尔斯海默曾指出，西方精英认为"在21世纪，现实主义与地缘政治学变得无关紧要，一个'整体自由的欧洲'可以完全建立在自由主义原则之上"，"这些原则包括法治、经济相互依赖和民主化"③。所以

---

① 《普京开战前发表讲话，全文出炉！》，新浪网，2022年2月25日，http://k.sina.com.cn/article_2318265821_8a2deddd0270165tn.html。

② [美] 约翰·艾肯伯里：《大战胜利之后：制度、战略约束与战后秩序重建》，门洪华译，北京大学出版社2008年版，第七章。

③ [美] 约翰·米尔斯海默：《大幻想：自由主义之梦与国际现实》，李泽译，刘丰校，上海人民出版社2019年版，第240页。

冷战结束后,为了"顺应"中东欧地区前华约组织成员国和波罗的海三国等从苏联独立出来的前加盟共和国"回归欧洲"和获得美国军事保护的主动要求,北约和欧盟不断东扩,将这些国家纳入西方的势力范围和"保护伞"之下。对于乌克兰、格鲁吉亚等更加"东部"的苏联加盟共和国,北约和欧盟也相互呼应,不断以鼓动"颜色革命"等方式,消解俄罗斯对它们的地缘影响力。"人权"和"民主"幌子是美欧向东扩展其安全秩序的价值观理由,2004年乌克兰爆发的"橙色革命"、2014年持亲俄立场的乌总统亚努科维奇政权被颠覆,美欧在台前幕后皆非常活跃。

  面对这样一套美欧主导的"以规则为基础的国际秩序",俄罗斯尽处下风,但它不甘于此,并有自己关于世界秩序的不同看法。尽管经济上,俄罗斯的国民生产总值远逊于美德法英等国,但核武器和常规军事力量是它可资依赖的"硬实力"。2014年俄从乌克兰"收回"克里米亚,并支持顿涅斯克和卢甘斯克的独立武装,此次又发动顿巴斯地区"特别军事行动",这既是俄努力在乌克兰逐渐脱离自身控制情况下的"止损"行动,也是对美欧主导的欧洲安全秩序的"反抗"尝试。当然,俄罗斯的行动自然被西方批评为是在21世纪以19世纪的方式行事[①],但从地缘政治的角度看,这是俄罗斯对西方"自由主义国际秩序"从理念到实践层面的双重"绝地反击":理念上,俄罗斯以"平等"和"安全不可分割"原则对抗美欧的所谓"自由""民主""人权"价值观,努力维护自身的"民族优秀传统"和"生存空间";实践上不惜采用"先发制人"方式"保卫人民安全、主权和领土完整",改善自己面对的"不断恶化"的"安

[①] 2014年美国国务卿约翰·克里就讥讽俄罗斯"吞并"克里米亚:"在21世纪,你不能以19世纪的方式行事,以完全捏造的借口入侵另一个国家"。"Face the Nation Transcripts March 2, 2014: Kerry Hagel", CBS News, March 2, 2014.

全形势""为俄罗斯的安全战斗"。① 在普京眼中，北约在冷战后的五次东扩，就是西方世界在享受苏联解体的"地缘政治红利"，但对俄而言却是"生与死的问题"，是事关俄"命脉攸关"的"红线"问题。

近年来，随着英国脱欧、特朗普担任美国总统和俄乌紧张局势一再发酵，欧洲的地缘政治意识逐渐提升。2021年，欧盟就开始准备出台可加强其防务自主性的《战略指南针》计划，计划准备成立一支类似"欧洲军"的5000人欧盟快速反应部队，预计到2025年无须经过27个欧盟成员国的批准，即可将其投入战斗。2022年1月，法国任欧盟轮值主席国后，2022年3月《战略指南针》计划通过，欧盟快速反应部队将于2023年进行首次实弹演习，日常将进行海陆实战演习；欧盟还会设立网络防御政策以更好应对网络攻击，提高自身情报分析能力，发展欧盟的安全与防务太空战略等。② 欧盟外交与安全事务高级代表博雷利在此正式文本的前言中所说"我们现在需要确保将欧盟的地缘政治觉醒转变为一项更永久的战略举措""欧洲处在危险之中""欧洲人依旧将支持对话而非对抗、外交而不是武力、多边主义而不是单边主义"，但是"若想对话、外交和多边主义能够成功，你需要它们之后有权力的支撑"，所以欧盟必须"学会权力的语言"，用权力说话。③

2022年2月24日的俄乌冲突将欧盟及其成员国缓慢的防务

---

① 见普京2022年5月9日在莫斯科红场阅兵讲话，https：//www.163.com/dy/article/H79GRKQN05371XQI.html。

② "A Strategic Compass for Security and Defence: For a European Union that protects its citizens, values and interests and contributes to international peace and security", EEAS, https：//www.eeas.europa.eu/sites/default/files/documents/strategic_compass_en3_web.pdf.

③ Joseph Borell, "The Forward of 'A Strategic Compass for Security and Defence'", https：//www.eeas.europa.eu/sites/default/files/documents/strategic_compass_en3_web.pdf.

建设突然按下了"加速键"。面对俄乌冲突，欧盟史无前例地改变了"不向交战国提供武器"的原则，允许和鼓励成员国向乌克兰提供军事援助。波兰、波罗的海三国等中东欧国家将包括坦克在内的重型库存或现役苏制装备大量提供给乌克兰，法国和南欧国家也向乌克兰交付了凯撒自行火炮等重装备，以平衡战场上俄军所占有的优势火力地位；即使是第二次世界大战后长期保持和平主义传统的德国，也在经历初期的犹豫后，迅速扭转政策，不仅承诺向乌克兰提供猎豹防空坦克、肩扛式单兵防空导弹和反坦克导弹外，还通过了1000亿欧元的国防特别预算，使其军费占GDP的比例一举突破北约长期要求它达到的2%。

为了维护既有的欧洲安全秩序和帮助乌克兰，欧洲在短时期内迅速把对俄经济制裁升级到"顶格"层次，与美国一道冻结俄罗斯在欧洲国家的银行资产、禁止购买和交易新的俄罗斯主权债券、取消俄最惠国待遇、关闭部分俄罗斯主要银行对环球银行金融电信协会（SWIFT）全球银行间支付系统的访问权限、禁止对俄出口半导体、飞机零部件和采掘机械等高科技产品，并先于美国对俄罗斯关闭领空，冻结与普京关系密切的俄罗斯富商在欧洲的各类资产，做到了英国首相约翰逊所说的"有史以来最大规模和最严厉的"经济制裁，甚至连传统中立国瑞士也遵守欧盟的制裁令，冻结上千亿欧元的俄罗斯存款；宜家、爱马仕、路易威登等欧洲零售业和奢侈品企业关闭在俄门店，欧盟对俄的禁止出口门类已近400个，奔驰、宝马、保时捷和大众等欧洲品牌都已宣布停止向俄罗斯出口汽车。

总体而言，俄乌冲突是一场关于冷战后欧洲安全秩序的存废之战，俄罗斯力图以此战扭转过去三十年后苏联空间被北约不断东扩所"侵蚀"的被动局面，希望以此战确保乌克兰中立或建立一些新的缓冲"自治区"，寻求在新的平衡基础上建立新的欧洲安全架构；而美欧主流决策者则认为它们2008年在格鲁吉亚、2014年在克里米亚问题上对俄进行的"退让"并不正确，此次应对俄"挑衅"进行全方位的坚决回击，以维护它们主导下的欧洲安全秩序。双方在秩序问题上的"势不两立"对俄罗斯与乌克兰之间的谈判产生了阻挠作用。

（二）美欧关系：紧密的安全关系与分殊的利益

爆发在欧洲东翼的俄乌冲突，使得安全成为欧洲的首要考量指标，这导致它与美国协同一致，响应拜登政府的"号召"，与美结成"对乌军援、对俄制裁"的"统一战线"。2022年2月24日普京开展顿巴斯特别军事行动之前，法国总统马克龙和德国总理朔尔茨努力尝试以"诺曼底模式"，即法德俄乌四方会谈的方式进行外交斡旋，力求避免冲突的爆发。但俄乌冲突正式打响加剧了包括法德"核心欧洲"国家的"恐俄症"，使得美国拉拢欧洲的既定策略奏效，给马克龙三年前所言陷入"脑死亡"状态的北约注入一针强心剂，欧盟和欧洲大多数国家在军事和外交领域急速向美国靠拢。拜登政府过去一年铺设的跨大西洋交流机制也发挥了重要作用，美国国家安全委员会、国务院和商务部与欧盟及主要欧洲国家相应部门和领导人保持着频繁密切的沟通。主管经济事务的美国国家安全事务副助理戴利普·辛格曾言，他每周都会和七国集团领导人通话，每天都会与欧盟委员会主席冯德莱恩的助手比约·塞伯特通话数次[1]。

当德国、法国等欧洲大国还在犹豫是否对俄实施某项重大制裁措施时，美国外交官和媒体利用欧洲内部分歧，鼓动乌克兰和波兰等中东欧国家制造所谓的"正义"气氛，塑造"援乌"和"反俄"的政治正确性，实施"道德绑架"。比如德国

---

[1] 赵晨：《欧美关系被安全议题重新"绑定"》，《世界知识》2022年第10期。

政府向乌克兰援助头盔、防弹背心、野战医院等防御性军事设施被《纽约时报》等媒体广为嘲笑，导致2022年2月27日德国联邦议院特别会议进行了一天的辩论，最终做出重大防务和外交政策转向，开始向乌提供致命性进攻武器。在推动对俄经济制裁方面，美国也是如法炮制，而且很有耐心。2022年2月24日俄乌冲突发生首日，美国和欧洲就启动了对俄制裁第一轮，但关键的能源和金融领域均未列入制裁内容，这主要是欧洲方面担心自身经济会被制裁拖累。但当晚乌克兰总统泽连斯基在与欧洲领导人的视频通话中称，"这可能是你们最后一次见到活着的我"。辛格等美国官员敏感地发现，就在这一晚，欧洲领导人的态度发生"180度大转弯"，切断俄罗斯SWIFT系统的"政治意志"出现了，在辛格等人的督促下，几个小时后，对俄罗斯的"加码"制裁版本即在美欧之间达成一致。

美欧在俄乌冲突中的政策协调一致在很大程度上"受益"于拜登的外交战略。拜登接任美国总统后，改变了特朗普时期美国政府轻视欧洲的蛮横态度，其外交战略向奥巴马政府时期的"巧权力"外交模式回归，以建设"民主同盟"的方式，用"共同价值观"界定和拉拢欧洲国家，称盟友是美国最大的"战略资产"，美国政府要与"想法相似的"欧洲国家合作应对各类挑战，共同维护它所谓的"以规则为基础的国际秩序"。

但毕竟欧洲与美国为制裁俄罗斯所付出的经济成本大相径庭。欧洲与俄罗斯的经济相互依赖关系远高于美俄，仅仅德国一国与俄罗斯的贸易额在2021年就达到650亿美元，是美俄贸易额的2倍之多。由于对俄罗斯制裁的影响，德国2022年3月对俄罗斯的出口下降了57.5%。如果再加上其他欧洲国家，欧洲因制裁俄罗斯所造成的贸易损失远超过美国。在能源领域，欧洲46%的煤炭、25%的石油和超过40%的天然气依赖从俄罗斯进口，对俄能源全面禁运将极大地抬升欧洲企业的生产成本和居民的生活成本，继续刺激通货膨胀率飙升。欧盟2022年4

月初决定对俄实施煤炭禁运,在第六轮制裁中将部分石油列入禁运名单,而天然气问题则仍在激烈的博弈之中。而美国则明显从中获益,在制裁俄罗斯的"政治正确"之下,德国放弃了耗资近百亿欧元修建,年输气量达550亿立方米的"北溪2号"天然气管线,欧洲整体转向购买价格更高、运输时间更长的船装美国液化天然气。2022年3月美国液化天然气出口量约为743万吨,环比增加了近16%,创历史新高。欧洲已连续四个月成为美国液化天然气最大出口目的地,约占其整体出口量的65%。

地缘冲突背景下的美欧看似结成"统一战线",但难掩它们之间的实际利益分歧。俄乌冲突已经造成欧洲的巨大经济利益损伤,如果冲突延续,制裁继续升级,欧洲可能重现经济衰退。法德两国仍在寻求尽快结束冲突的外交调解之道,法国总统马克龙频繁与俄罗斯总统普京通电话,沟通立场,寻找妥协空间,德国总理朔尔茨也多次呼吁实现俄乌停火,他表示对俄罗斯实施天然气禁运并不会结束冲突:"我们希望避免一场剧烈的经济危机,避免数以百万计的工作岗位流失和工厂永远无法复产,这将对我们国家乃至整个欧洲造成严重后果,而且还会冲击乌克兰重建的资金来源。"[1] 马克龙反复表态,对待这场冲突要考虑"俄罗斯的尊严",这在一些欧洲国家,特别是中东欧国家追随美国"狂热"援乌反俄的情况下,是难得的理性声音。核心欧洲国家的自主性在危机之中仍在不断闪现。

---

[1] 《俄乌局势进展:俄军方称计划控制顿巴斯及乌克兰南部 联合国秘书长将访俄乌》,中国新闻网,2022年4月23日,http://www.chinanews.com.cn/gj/2022/04-23/9737272.shtml。Patrick Donahue, "Germany Signals Opposition to Ban on Russian Energy Imports", *Bloomberg*, March 7, 2022, https://www.bloomberg.com/news/articles/2022-03-07/germany-signals-opposition-to-cutting-essential-russian-energy.

（三）欧俄关系：整体破裂和"双输"前景

2021—2022年，欧俄关系经历了从疑虑、争执到彻底破裂的快速螺旋下降过程。2021年，作为增强欧俄经济相互依赖度和战略互信的标志性工程——"北溪2号"天然气管线克服美国和部分中东欧国家的层层阻力，在2021年9月完成铺设工作，但就在即将通气之时，2021年11月16日德国审批机构又以此管线公司注册地并非德国为理由，宣布暂停"北溪2号"天然气运营商资格认证程序。2022年俄乌冲突爆发后，美国宣布制裁设于瑞士的"北溪2号"天然气管道运营商Nord Stream 2 AG公司，该公司不得不申请破产，荷兰壳牌等石油公司宣布退出在俄罗斯的业务，不再参与"北溪2号"项目。"北溪2号"多舛的个体命运正是欧俄整体关系走向的生动演示。

2021年年底，顿巴斯地区的安全形势急剧恶化，法国总统马克龙和德国总理朔尔茨紧急开展穿梭外交，奔波于莫斯科、基辅和华盛顿，力求延长"诺曼底模式"的生命力，调解俄乌双方矛盾，寻求妥协方案。在俄罗斯对乌克兰发起"特别军事行动"之前，德国总理朔尔茨在2022年2月19日举行的第58届慕尼黑安全会议上，曾向乌克兰总统泽连斯基提议乌"放弃加入北约"，建议乌克兰"在西方与俄罗斯之间更广泛的'欧洲安全协议'中保持中立"，但遭到泽连斯基的拒绝，泽连斯基表示"普京不会相信、也不会支持朔尔茨提出的这一协议"，并且乌克兰国内大多数人都支持乌克兰加入北约。[1] 2015年，德国

---

[1] Michael R. Gordon, Bojan Pancevski, Noemie Bisserbe and Marcus Walker, "Vladimir Putin's 20-Year March to War in Ukraine- and How the West Mishandled It", *The Wall Street Journal*, April 1, 2022, https://www.wsj.com/articles/vladimir-putins-20-year-march-to-war-in-ukraineand-how-the-west-mishandled-it-11648826461.

前总理默克尔和法国前总统奥朗德尚有权威和能力，在美英不直接参与的状况下，让乌克兰在顿巴斯战场军事失败后应允谈判，以俄乌法德四方会谈的"诺曼底模式"实现临时停火，签署《明斯克协议》。但7年后，随着美英深度介入乌克兰的军事准备工作，法德的外交说服力已经难以促使俄乌任何一方做出实质性让步。

俄乌冲突爆发后，整个欧洲处在一种情绪高亢的"激动期"，主要是出于以下三点原因。

第一，欧洲普遍认为普京的"特别军事行动"挑战了冷战后的欧洲安全秩序。德国总理朔尔茨在2022年2月28日的德国联邦议会演讲中指出："普京'武装入侵'乌克兰的目的，不仅仅只是想把一个独立的主权国家从世界地图上抹去，这场战争的目的也是试图推翻建立在1975年《赫尔辛基最后文件》原则之上，已经存在了近半个世纪的现有欧洲安全秩序"[①]。这一安全秩序其实就是美国和西欧在所谓的"人权""自由"和"民主"理念引导下，向后苏联空间不断扩展西方意识观念，并在冷战后以北约和欧盟双东扩作为制度形式所塑造出的欧美主导下的"和平"。当俄罗斯为了自己的安全空间奋起反击时，欧美就自然认为"普京把自己推到了整个国际文明社会的边缘"。

第二，俄罗斯动用武力的方式让很多东欧和北欧国家心生恐惧，极大地增加了欧洲的不安全感。如果乌克兰成为中立国或者附庸国，俄军能够进驻乌克兰，凭借乌克兰的凸前地位，俄军坦克部队可在5个小时内抵达8个东欧和北欧国家的首

---

① Olaf Scholz, "Policy Statement by Olaf Scholz, Chancellor of the Federal Republic of Germany and Member of the German Bundestag, February 27, 2022 in Berlin", https：//www. bundesregierung. de/breg-en/news/policy-statement-by-olaf-scholz-chancellor-of-the-federal-republic-of-germany-and-member-of-the-german-bundestag-27-february-2022-in-berlin-2008378.

都，使得北约整体从攻势转为守势。这种前景展望令处于"新前沿地带"的欧洲国家夜不能寐，惴惴不安，并令已维持中立传统达上百年的瑞典和芬兰也在积极考虑加入北约。

第三，欧洲也有与美联手，通过经济战和意识形态战鼓动俄国内反战情绪，以制裁普京身边"寡头"来挑动他们反对普京，动摇普京执政基础，从而逼迫普京撤军，甚至进而彻底颠覆普京政府。如俄罗斯安全会议副主席梅德韦杰夫2022年4月8日在他的电报频道上所写，西方"对俄罗斯的非法制裁旨在从根本上削弱我们的国家并引起对政权的不满，以便推翻它"[①]。欧洲国家，特别是英国舍弃"私有财产不可侵犯"的资本主义国家神圣原则，冻结俄寡头、知名商人及其直系亲属在欧洲的银行账户，没收其豪宅、游艇、体育俱乐部等有形资产，背后的意图是"精准打击"普京的"身边人"和"小圈子"。

当秩序发生变动时，常常是以流血为代价的。欧洲在享受长时间的和平后，再次遭遇大规模冲突。除了处于交火状态的乌克兰和俄罗斯的军人大量伤亡、乌克兰平民的生命和财产安全难以保障外，欧洲各国也在承担高昂的经济成本。欧洲国家除与俄罗斯贸易相互依存度高外，能源供应畸形依赖俄罗斯，欧盟进口能源产品中41%的天然气、46%的煤炭和27%的石油来自俄罗斯。俄乌冲突爆发后，欧洲天然气价格上涨十倍，创下每1000立方米近3900美元的历史新高。尽管欧盟2022年3月8日宣布拟在2022年年底前减少三分之二的俄天然气进口，但如欲真正实现难度极高。此外还有难民问题，目前乌克兰流出的500多万名难民主要由欧洲大陆国家接收，仅波兰一国即

[①]《梅德韦杰夫：制裁俄罗斯的目的是要引起对政权不满以推翻它》，俄罗斯卫星通讯社，2022年4月8日，https://sputniknews.cn/20220408/1040574954.html? modal = feedback。

已超过200万人，其接纳能力已达极限。考虑到乌克兰人口多达4500万，如果冲突延长，还会有更多难民向西迁徙。人口仅有1800万的叙利亚，在2014年至2016年涌向欧洲的百万级别的难民潮已让德国等欧洲国家不堪承受，乌克兰难民造成的冲击波会使欧洲处于更艰难的境地。

（四）结语及展望

冷战后美欧主动参与"改造"其周边国家和世界其他地区，在与其他行为体的互动中，对其进行"民主化"和"社会化"（Socialization）[①]。西方在包括亚洲、非洲、拉美和苏联地区宣扬其"普世价值"的外交行动，在贸易协定中加入包含所谓的"人权""良治"条款的附加条件，近年来更是频频以所谓的"违反人权"的名义，不经调查、不听辩解就单边挥舞制裁"大棒"。欧盟及美国自由派精英将西方的"自由""人权""民主"定义抬升为全球化背后的垄断性思想基础的做法，将其锚定为历史发展的道德方向和国际安全体系的支撑思想的"自以为是"引发了世界其他地区的强力反抗。顿巴斯特别军事行动就是俄罗斯多年承压之下，挑战这一现有欧洲安全秩序的烈度最高的一次行动。

但俄乌冲突的爆发，也使得维护国际体系和秩序的共识承受"压力测试"。受俄乌冲突冲击，虽然国际体系尚未处于彻底崩塌的绝境，但其整体脆弱性和局部分化趋势不可避免。不论是暂停俄罗斯联合国人权理事会成员资格，将俄逐出世界贸易组织（WTO）、二十国集团（G20）的讨论，还是愈演愈烈的

---

① Tobias Lenz, "EU Normative Power and Regionalism: Ideational Diffusion and its Limits", *Cooperation and Conflict*, Vol. 48, 2013, pp. 211–228.

"民主—威权"二元对立叙事[①]和"中俄轴心"[②] 的塑造都表明，国际力量可能出现以排他性安全、价值观对立为标志的"阵营化"重组。在此背景下，俄罗斯的全球议程设置权和多边事务参与权可能受到挤压，中俄共同维护以联合国为核心的国际体系，以国际法为基础的国际秩序，践行"真正的多边主义"的共识，也将面临前所未有的压力测试和极高的因竞争而产生的制度性成本。

[①] Anne Applebaum, "There is No Liberal World Order, Unless Democracies Defend Themselves, the Forces of Autocracy will Destroy Them", *The Atlantic*, March 31, 2022, https://www.theatlantic.com/magazine/archive/2022/05/autocracy-could-destroy-democracy-russia-ukraine/629363/.

[②] Angela Stent, "Russia and China: Axis of Revisionists?" *Brookings*, February 2020, https://www.brookings.edu/research/russia-and-china-axis-of-revisionists/.

第二部分

国 别 篇

五　俄乌冲突下德国的应对及影响[*]

德国将俄乌冲突定义为俄罗斯发起的侵略战争，认为俄罗斯对乌克兰的袭击严重违反了国际法的基本原则。在俄乌冲突爆发前，德国在对俄罗斯施压的问题上表现得犹豫不决，但在俄乌冲突爆发后，德国与西方国家一道强烈谴责俄罗斯对乌克兰的袭击，不断升级对俄罗斯的制裁，向乌克兰进行财政援助并输送武器，通过提高军费开支调整防务政策，并积极采取措施减少对俄罗斯的能源依赖。俄乌冲突将欧洲带入了地缘政治的乱局，对德国的政治、经济、社会、外交与安全领域都产生了不可忽视的影响。

（一）德国在俄乌冲突中的立场与应对

1. 对俄罗斯立场的变化及对俄乌冲突的定位

2013年乌克兰危机后，德国对待俄罗斯的立场态度比以前强硬，而在2022年俄乌冲突爆发后，德国对俄罗斯的立场——从合作走向了对立。

在默克尔时代，德俄之间不再是施罗德时期的"特殊关系"，但德俄两国依然是经贸、能源上的重要伙伴。俄罗斯是德

---

[*] 杨解朴，中国社会科学院中德合作中心主任，中国社会科学院欧洲研究所副研究员。

国长期以来最重要的能源供给国，德俄之间经贸往来密切、贸易额巨大。但在2013年乌克兰危机后，德国对待俄罗斯的态度随着危机的演进变得越发强硬，德国甚至不惜损害自身的经济利益而率领欧盟其他国家制裁俄罗斯，这是由于德国认为俄罗斯通过兼并克里米亚及其在乌东部的行为对欧洲和平秩序提出了挑战，德国作为欧盟的领导力量，必须捍卫这一秩序。在2016年版的《安全政策与联邦国防军未来白皮书》中，德国强调俄罗斯公开质疑欧洲和平秩序，因为它希望通过武力维护自己的利益，并单方面改变国际法所保障的边界，这在克里米亚和乌克兰东部已经显现出来。德国认为，这些对欧洲的安全，乃至德国的安全产生了深远的影响。在近年来的《慕尼黑安全会议报告》中，欧洲国家对俄罗斯给欧洲安全秩序带来的威胁愈加关注。例如2021年的报告将俄罗斯看作是主要风险之一，将其看作威权政治，强调要在经济、军事等方面加以警惕。[1] 但无论如何，德国依然认为欧洲安全离不开与俄罗斯的合作，德俄经贸纽带受政治大环境的影响有限。[2]

俄乌冲突爆发前，在乌克兰总统泽连斯基就任后寻求乌克兰加入北约而引发俄罗斯反对并与美国和北约进行交涉的阶段，德国仍致力于通过外交斡旋和非军事手段解决冲突，其立场较为谨慎和保守，拒绝对乌提供武器，在对俄施加制裁上也显得犹豫不决而屡遭美国和部分欧洲国家的批评。[3] 2022年2月24

---

[1] "Munich Security Report 2021: Between States of Matter-Competition and Cooperation", https://securityconference.org/publikationen/munich-security-report-2021/.

[2] 伍慧萍：《德国外交正加速转型，动向值得关注》，环球网，https://baijiahao.baidu.com/s?id=1736921349554117373&wfr=spider&for=pc。

[3] 郑春荣、李勤：《俄乌危机下德国新政府外交与安全政策的转型》，《欧洲研究》2022年第3期。

日，俄乌冲突爆发后，朔尔茨领导的"交通灯"政府仍旧强调希望通过外交手段实现停火，但摒弃了之前较为保守的态度，与西方国家一道强烈谴责俄罗斯对乌克兰的袭击，并不断升级对俄罗斯的制裁，同时一改德国以往在军事领域的克制作风，宣布向乌克兰输送武器和持续提高国防预算。朔尔茨认为俄罗斯总统普京对这次袭击负有直接责任。2022年2月27日，朔尔茨在联邦议院发表的政府声明中指责俄罗斯总统普京蓄意发动了一场"冷血的侵略战争"。"我们正在经历时代转折"，朔尔茨说。它意味着"以后的世界不再与以前的世界相同"。本质的问题在于"权力是否可以打破权利，我们是否允许普京将时钟拨回到19世纪的列强时代，或者我们是否应集中力量阻止普京这样的战争贩子"。在政府声明中，朔尔茨还向在俄罗斯抗议普京所作所为的人们表示敬意，德国支持"所有在俄罗斯勇敢地反抗普京权力机器和抵制其对乌克兰开战的人们"，朔尔茨在联邦议院强调选择战争的是普京，而不是俄罗斯人民。① 2022年3月1日，德国外长安娜莱娜·贝尔伯克（Annalena Baerbock）在联合国大会上批评俄罗斯说谎，以自卫为借口入侵乌克兰，滥用安理会常任理事国地位，呼吁全世界谴责俄罗斯。贝尔伯克说，俄罗斯入侵乌克兰的"战争"标志着"新现实"，欧洲安全和联合国宪章岌岌可危，她呼吁世界各国负起责任，在和平和攻击、正义和强者的意志、行动和视而不见之间做出选择，支持决议谴责俄罗斯入侵乌克兰。②

---

① Olaf Scholz, "Regierungserklärung von Bundeskanzler Olaf Scholz am 27. Februar 2022", Der Bundeskanzler, February 27, 2022, https://www.bundeskanzler.de/bk-de/aktuelles/regierungserklaerung-von-bundeskanzler-olaf-scholz-am-27-februar-2022-2008356.

② "Ukraine: German foreign minister says 'Russia's war is a turning point'", Deutsche Welle, March 1, 2022, https://www.dw.com/en/ukraine-german-foreign-minister-says-russias-war-is-a-turning-point/a-60977146.

2022年4月19日,当"顿巴斯决战"打响后,德国政府同意对乌克兰输送重型武器和提供军事培训,同时加大对俄制裁力度,但德国始终严守"不参与战争"的底线,至此,德国在防务政策上又向前迈进了一步。[1] 朔尔茨在多个场合强调了德国和北约不卷入战争的原则,例如2022年5月8日朔尔茨在纪念第二次世界大战在欧洲结束77周年的电视讲话中强调德国要为捍卫正义和自由而努力,站在被攻击者的一边,支持乌克兰打击侵略者。他指出战争与和平关乎历史责任,关乎国家和联盟的安全。他提到了解决俄乌冲突的四个原则:第一,与欧洲和大西洋盟友密切协调;第二,保持自己的防御能力,装备国防军;第三,德国不会做任何比俄罗斯更伤害德国自身及伙伴的事情;第四,不会做出任何会使北约成为战争一方的决定。[2] 同时,他也强调西方"不会让普京赢得这场战争",普京也"赢不了这场战争"。[3]

2. 对俄罗斯的制裁

在对俄乌冲突进行定性,并对俄罗斯进行谴责的同时,德国和欧盟及美国一道,对俄罗斯采取了最严厉的制裁。制裁的目的是大规模削弱俄罗斯的经济和政治精英,试图劝阻普京放弃战争。制裁的内容包括对俄罗斯在金融、能源、交通、人员

---

[1] 郑春荣、李勤:《俄乌危机下德国新政府外交与安全政策的转型》,《欧洲研究》2022年第3期。

[2] "Fernsehansprache von Bundeskanzler Olaf Scholz-zum Gedenken des Endes des Zweiten Weltkrieges am 8. Mai 1945 am 8. Mai 2022 in Berlin", Die Bundesregie-rung, May 8, 2022, https://www.bundesregierung.de/breg-de/service/bulletin/fernsehansprache-von-bundeskanzler-olaf-scholz-2038050。

[3] 《朔尔茨:我们不会让普京赢得这场战争》,网易新闻,2022年5月27日,https://www.163.com/dy/article/H8C5IT01051481US.html。

和机构限制以及签证限制等领域实施大规模制裁。①

第一，金融领域：将俄罗斯排除在 SWIFT 国际支付系统之外；禁止俄罗斯中央银行的交易并冻结其所有资产。

第二，能源领域：实施出口禁令，使俄罗斯无法对其炼油厂进行现代化改造；2022 年 4 月 7 日决定禁止进口俄罗斯煤炭；2022 年 6 月，欧盟对通过船舶运输的俄罗斯石油实施禁运（有过渡期）。

第三，交通运输领域：欧盟领空将对所有俄罗斯拥有、在俄罗斯注册或由俄罗斯控制的飞机关闭。这些飞机将无法降落、起飞或飞越欧盟领土；禁止向俄罗斯航空公司出口、销售和交付或转让飞机和设备；对俄罗斯船只实行港口关闭，游艇除外。

第四，工业领域：俄罗斯获取半导体或最新软件等重要关键技术受到限制；制裁还包括禁止进口木材、水泥和其他产品，（这些产品是俄罗斯的重要收入来源）；对可用于制造武器的化学品实施出口禁令。

第五，签证：俄罗斯外交官和相关团体以及商界人士无法进入欧盟。

第六，对人员和机构的限制：制裁还针对俄罗斯国内外众多支持对乌克兰发起"特别军事行动"的个人和机构。这也适用于俄罗斯总统普京和外交部长拉夫罗夫、俄罗斯国家安全委员会其他五名成员、所有杜马代表、克里姆林宫发言人佩斯科夫、军方代表和众多寡头。

3. 对乌克兰的援助

相较于对俄罗斯的严厉制裁，德国对乌克兰给予了全力声

---

① "Diese Sanktionen gegen Russland wurden beschlossen", Die Bundesregierung, https://www.bundesregierung.de/breg-de/themen/krieg-in-der-ukraine/eu-sanktionen-2007964.

援和全方位的援助，包括财政支持、物资捐赠、军事援助以及难民安置等。

在俄乌冲突爆发后，德国总理朔尔茨和外交部长贝尔伯克向乌克兰保证德国将全力声援。朔尔茨在议会的一次特别会议上说："我们必须支持处于这种绝望境地中的乌克兰。"因此，德国政府决定向乌克兰提供防御性武器。朔尔茨表示，"对于普京的侵略行为，我们不可能给出其他回答"。外交部长贝尔伯克也做了类似的表态："如果我们的世界发生了变化，那么我们的政策也必须随之而变。"①

在2013年乌克兰危机爆发后，德国对乌克兰一直进行持续的财政援助，据德国政府的数据，2014年到2022年2月，德国已投入约20亿欧元用以稳定乌克兰局势、促进其经济发展。②俄乌冲突爆发后，德国继续向乌克兰提供多种形式和用途的财政援助。

据统计，自俄乌冲突爆发以来，乌克兰已从德国获得50多亿美元（约48亿欧元）的财政支持。③ 2022年4月，德国联邦议院正式投票通过了联邦内阁政府2022年补充预算案，与最初计划的2.25亿欧元不同，联邦内阁政府希望花费20亿欧元来支持伙伴国家，其中大部分资金将流向乌克兰。在用于伙伴国家安全、防御和增加稳定的17.75亿欧元预算中，很大一部分

---

① 《德国如何支持乌克兰》，deutschland.de，2022年2月28日，https：//www.deutschland.de/zh-hans/topic/zhengzhi/deewukelanzhanzheng.

② "Unterstützung für die Ukraine in einer herausfordernden Zeit", Die Bundesregierung, https：//www.bundesregierung.de/breg-de/suche/unterstuetzung-ukraine-2003926.

③ "G7-Staaten stocken kurzfristige Hilfen auf", Tagesschau, May 19, 2022, https：//www.tagesschau.de/wirtschaft/weltwirtschaft/g7-hilfen-ukraine-101.html.

将用于乌克兰的各类援助。① 例如联邦内阁政府决定再向乌克兰提供 2000 万欧元的文化和媒体援助，这是为了进一步增强针对乌克兰文化遗产的保护措施，并为逃离的乌克兰文化和媒体工作者在德国创造更多就业机会。2022 年 6 月，联邦财政部与乌克兰财政部再次签署了财政援助协议，根据该协议，德国将向乌克兰提供 10 亿欧元的赠款资金②，这一赠款是履行德国财长在 2022 年 5 月 G7 峰会上做出的承诺，该资金将用于乌克兰政府的支出，并非用于军事支出。同时，德国复兴信贷银行还代表德国政府继续向乌克兰提供贷款，2022 年 4 月，德国复兴信贷银行与乌克兰财政部签署了 1.5 亿欧元的贷款协议，用以支持乌克兰中小企业并缓解"战争"冲击。③ 2022 年 5 月，德国复兴信贷银行与乌克兰财政部签署了另一份 1.5 亿欧元的贷款协议以支持"乌克兰经济紧急援助计划"，主要用以维持乌克兰国家社会支出、养老金以及卫生和教育部门的支出。④ 这两笔新的贷款期限为 15 年，5 年后才需要开始偿还。

德国对乌克兰军事援助的立场在俄乌冲突前后经历了一个

---

① "Ergänzungshaushalt 2022: Mehr Geld zur Ertüchtigung der Ukraine", Bundesministerium der Verteidig-ung, Sprril 27, 2022, https://www.bmvg.de/de/aktuelles/rgaenzungshaushalt-2022-mehr-geld-ertuechtigung-ukraine-5400730.

② "1 Milliarde Euro finanzielle Unterstützung für die Ukraine", Bundes-ministerium der Finanzen, June 24, 2022, https://www.bundesfinanzministerium.de/Content/DE/Video/2022/2022-06-24-1-milliarde-euro-fuer-die-ukraine/2022-06-24-1-milliarde-euro-fuer-die-ukraine.html.

③ "KfW unterzeichnet Kreditvertrag in Höhe von 150 Millionen Euro", KFW, April 27, 2022, https://www.kfw.de/%C3%9Cber-die-KfW/Newsroom/Aktuelles/Pressemitteilungen-Details_702848.html.

④ "KfW unterzeichnet weiteren Kreditvertrag in Höhe von 150 Mio. EUR zur Unterstützung der Ukraine: Wirtschaftliches Nothilfeprogramm", KFW, May 24, 2022, https://www.kfw.de/%C3%9Cber-die-KfW/Newsroom/Aktuelles/Pressemitteilungen-Details_710592.html.

变化的过程。在俄乌冲突爆发前，德国希望通过非军事手段解决冲突，拒绝向乌克兰提供武器。在冲突爆发初期，德国虽然依旧希望通过外交努力实现停火，但在西方伙伴的影响下，立即宣布向乌克兰提供武器，在2022年2月27日联邦议院特别会议上朔尔茨宣布德国决定向乌克兰武装部队提供1000枚反坦克武器和500枚"毒刺"地对空导弹。在"顿巴斯决战"打响后，德国同意向乌克兰输送重型武器并提供军事培训。为应对外界的批评，德国联邦政府调整披露军事援助信息的程序，以适应美国等最亲密盟友的做法，2022年6月初，德国联邦政府网站公布了德国向乌克兰提供的数量庞大的武器清单，该清单包括德国的致命和非致命军事援助。① 德国的军事援助包括来自德国联邦国防军储备的材料和武器，以及来自德国工业的物资，这些物资由联邦政府的现代化倡议提供资金。相比其他国家向乌输送重型武器要迟缓得多的指责，德国领导人强调，没有哪一个国家像德国这样大规模地向乌克兰输送武器，同时，德国还需要与美国协商，确保乌方不会把相关武器用于攻击俄罗斯领土。这也是受到第二次世界大战后德国形成的和平主义的外交与防务政策以及"克制文化"的影响。

俄乌冲突发生后，德国积极接收来自乌克兰的难民，为其提供福利和支持等，并为儿童、妇女等群体提供保护。根据联合国难民署的统计，截至2022年7月12日，在德国各地登记的乌克兰难民数为89.3万人，其中有67万人登记参加临时保护或类似国家保护计划。② 德国对乌克兰难民提供的社会福利包括医疗、住宿等，自2022年6月1日起，来自乌克兰的难民获得了失业金、社会救济等经济支持。联邦政府在人员和物资方面

---

① "Militärische Unterstützungsleistungen für die Ukraine", Die Bundesregierung, August 9, 2022, https：//www.bundesregierung.de/breg-de/themen/krieg-in-der-ukraine/lieferungen-ukraine-2054514.

② 联合国难民署，https：//data.unhcr.org/en/situations/ukraine。

支持联邦各州对来自乌克兰的难民进行登记和接收。此外，2022年，联邦各州和市政府将从联邦政府获得总计20亿欧元的额外费用，用于支付来自乌克兰的难民的额外费用。具体包括5亿欧元用于乌克兰难民的安置费用、5亿欧元用于乌克兰难民生活费用、10亿欧元用于乌克兰难民相关其他费用，如儿童及学校教育、医疗等。①

4. 减少对俄罗斯的能源依赖

德国严重依赖进口俄罗斯能源，尤其是天然气，以满足其能源需求。俄乌冲突发生后，德国的天然气供应被切断的风险增加了，减少对俄罗斯的能源依赖成为德国政府需要解决的燃眉之急。

2022年6月1日，俄罗斯国有天然气供应商俄罗斯天然气工业股份公司（Gazprom）切断了壳牌在德国的天然气供应，2022年6月15日，将通过其北溪天然气管道输送至德国的天然气流量削减了60%。Gazprom将技术故障作为此次停产的原因，但欧洲一些分析人士认为，这些限制符合俄罗斯的总体战略，即逐步增加对欧洲国家的压力，自欧美国家对俄罗斯实施严厉制裁以来，俄罗斯越来越多地将能源和大宗商品的切断作为武器，以试图获得对欧洲的影响力。此次削减恰逢几位欧盟国家政府首脑访问乌克兰，讨论乌克兰开始加入欧盟的进程。此后几天，通过德国向意大利、奥地利、斯洛伐克和法国输送的天然气也急剧下降，降幅超过一半。而在俄宣布向欧洲供应的天然气削减后，欧洲的天然气价格飙升了15%。迄今为止，尽管俄罗斯流向欧盟的能源流量远低于2021年的量，但更高

---

① "Finanzielle Unterstützung durch den Bund", Bundesministerium der Finanzen, April 8, 2022, https：//www. bundesfinanzministerium. de/ Content/DE/Standardartikel/Themen/Europa/Krieg- in-der-Ukraine/finanzielle- unterstuetzung-durch-den-bund. html.

的价格减轻了俄罗斯的财政损失。这一逐步削减意味着价格压力增加，而俄罗斯不会损失大量收入。经济学人智库报告认为，俄罗斯逐步减少欧洲天然气出口的战略将在2022年剩余时间内继续下去，2022年可能还会出现类似的天然气断供，从而逐渐限制德国乃至欧洲的能源供应。鉴于德国对俄罗斯天然气的依赖，以及德国工业融入欧盟供应链，切断天然气供应可能会在整个欧洲产生连锁反应，德国和欧洲国家必须采取紧急应对措施，以减轻在冬季天然气需求激增之前完全切断天然气供应的风险。

德国原本就存在天然气应急计划，这一计划是欧盟范围内保障天然气供应安全措施的一部分。鉴于天然气在欧盟整个能源体系中的重要性，法律要求欧盟成员国制订天然气应急计划。德国目前的应对措施包括三个阶段的计划，只有最后一个阶段涉及政府直接干预分配。第一阶段已于2022年3月30日启动；第二阶段于2022年6月23日启动；第三个"紧急"阶段将在保护家庭免受天然气切断和加剧工业部门衰退之间做出艰难的权衡。

2017年，欧洲议会和理事会制定了一系列广泛的措施，可用于维护欧洲天然气市场，在危机时期保障天然气供应安全。这些措施包括国内政策干预，也包括欧盟成员国之间更密切的合作与协调。

俄乌冲突爆发以来，德国政府推出了一系列举措，以稳定德国经济和社会、摆脱对俄罗斯能源的依赖。

第一，德国寻求与其他国家开展合作，以减少对俄罗斯的能源依赖。如德国与卡塔尔决定建立能源伙伴关系，卡塔尔将为德国供应液化天然气等。2022年3月，德国副总理和经济部部长哈贝克宣布德国已经与卡塔尔签订了一份液化天然气的供应协议。

第二，德国重启位于布伦斯比特尔、威廉港和施塔德港三个液化气接收站建设项目。这三个项目在上任政府因缺乏经济可行性而被搁置。当时的原因，一是液化天然气比直接进口天然气成本更高，需要再进行气化；二是德国宣布2045年之前取消所有化石燃料，因而没有投资人愿意出资。但俄乌冲突改变了形势，三个项目快速推进，其中布伦斯比特尔项目政府自掏腰包持股50%。但是这些项目建设周期需要三年到四年，在此期间，德国将利用浮动液化天然气船进行再气化和存储。[1]

第三，德国将颁布法律，允许燃煤发电厂在发电中发挥更大作用，以节约天然气用于其他用途。这是在北溪天然气管道供应中断后，绿党经济部部长罗伯特·哈贝克（Robert Habeck）宣布的。[2]

德国政府希望能够在冬季到来之前，重新填充国内天然气储存设施。目前，德国天然气储存设施已填充至58%，政府希望在2022年11月初达到90%，为此已拨款150亿欧元，以确保必要的供应。然而，上述举措的大部分影响将在一段时间后才能实现，政府已开始鼓励家庭和企业在此期间减少能源使用，如果无法找到足够的新供应，2022年冬天可能会对工业实行定量配给。对政府和相关机构来说，要尽量防止在寒冷的冬季将更高的供暖成本转嫁给家庭，如果这样做的话，企业定量供应天然气的风险增加了，这将对德国制造业密集型经济产生严重的负面影响，还将导致就业和生计的损失，并加剧衰退。其他

---

[1] 《德国重启液化天然气接收项目》，新浪财经，2022年4月13日，https://finance.sina.com.cn/money/forex/datafx/2022-04-13-doc-imcwiwst1627917.shtml.

[2] "Habeck：'Wir stärken die Vorsorge weiter und ergreifen zusätzliche Maßnahmen für weniger Gasverbrauch'", Bundesministerium für Wirtschaft und Klimaschut 2, June 19, 2022, https://www.bmwk.de/Redaktion/DE/Pressemitteilungen/2022/06/20220619-habeck-wir-starken-die-vorsorge-weiter.html.

依赖俄罗斯天然气的国家也面临类似的风险。所以，德国政府很可能会寻求一种妥协，试图平衡家庭和工业的利益。

（二）俄乌冲突给德国经济、政治、社会带来的影响

1. 经济增长放缓、通货膨胀加剧

俄乌冲突给德国经济带来的最直接的影响是德俄贸易受到严重损害，双边商品及服务贸易由于俄乌冲突以及制裁措施大幅下降。在德俄双边贸易往来中，德国向俄罗斯出口大量的机器、汽车、化学产品等，进口大量的能源如煤、石油、天然气等。由于俄罗斯被排除在 SWIFT 体系之外，并且俄央行也受到限制，两国的经济往来受到严重影响。德国 2022 年 4 月对俄罗斯的出口同比下降 63%，只有 9 亿欧元。[①] 俄乌冲突给德国经济带来的另一个更为严重的影响是造成德国能源供应短缺、能源价格上涨。德国 55% 的天然气、约三分之一的石油供应来自俄罗斯。无论是欧盟自身提出的 2022 年逐步淘汰三分之二的俄罗斯天然气的决定还是俄罗斯的断气反制措施都会导致德国能源成本大幅飙升，尤其是在工业部门。其他大宗商品价格飙升也将影响购买力，进而影响私人消费，对德国经济增长造成不利影响。同时，中国为抗击新冠肺炎疫情所采取的相关措施也会影响德国的工业生产，而欧盟制裁俄罗斯对德国国内经济影响的不确定性也将损害商业信心。有鉴于此，经济学人智库将 2022 年德国经济增长的预测从俄乌冲突前的 2.5% 下调至 1.4%，这一下调在很大程度上得益于 2021 年的经济增长低迷，因为 2021 年上半年大部分时间新冠肺炎疫情防控措施仍然执

---

① Economist Intelligence Unit, "Country Report-Germany", July 2, 2022, http://www.eiu.com.

行，经济发展受到影响。

俄乌冲突加剧了德国的通货膨胀，德国联邦统计局2022年6月14日公布的数据显示，受俄乌冲突和新冠肺炎疫情等因素影响，德国2022年5月通胀率升至7.9%，连续三个月创下1990年两德统一后新高。2022年5月德国能源价格同比上涨38.3%，显著高于当月整体通胀率。去除能源价格因素，当月通胀率为4.5%。此外，当月食品价格同比上涨11.1%，服务业价格同比上涨2.9%。① 高通胀的主要原因仍然是能源价格上涨，但许多其他商品价格也出现上涨，尤其是食品。由于乌克兰危机对全球粮食供应和价格的持续影响，德国2022年3月谷物进口价格同比上涨54%②，德国的农产品生产者价格指数同比上涨35%③，达到1961年调查开始以来的最高涨幅。

欧盟统计局公布的数据显示，受俄乌冲突影响，能源市场持续动荡，食品价格飙升，2022年5月欧元区通胀率按年率计算达8.1%，再创历史新高。④ 经济学人智库预测，2022年和2023年的通货膨胀率分别为7.7%和3.3%，2024—2026年将放缓至平均1.9%。⑤

---

① "Inflationsrate im Mai 2022 bei +7,9%", https://www.destatis.de/DE/Presse/Pressemitteilungen/2022/06/PD22_245_611.html.

② "Getreide so stark verteuert wie zuletzt 2011", https://www.destatis.de/DE/Presse/Pressemitteilungen/2022/05/PD22_N027_61.html.

③ "Erzeugerpreise landwirtschaftlicher Produkte im März 2022 um 34,7% höher als im März 2021", https://www.destatis.de/DE/Presse/Pressemitteilungen/2022/05/PD22_199_61211.html.

④ "Jährliche Inflationsrate im Euroraum auf 8,1% gestiegen", https://ec.europa.eu/eurostat/documents/2995521/14644605/2-17062022-AP-DE.pdf/70fd1fed-36ed-9dc2-64f9-d0e3ea8b1553.

⑤ Economist Intelligence Unit, "Country Report-Germany", July 2, 2022, http://www.eiu.com.

2. 俄乌冲突给德国政治带来的影响

第一，俄乌冲突导致德国主要政党在防务政策上的立场和原则发生转变。执政的社民党多年来一直不愿将国防开支调整到北约规定的 GDP 的 2%，作为执政伙伴的绿党在选举中也明确拒绝了北约的目标，但在俄乌冲突发生后，两党的立场都发生了改变，支持大幅增加国防开支。同为执政伙伴的自民党也不再认为债务刹车至关重要，默许继续赤字开支。同时，在野的中右翼政党基督教民主联盟（CDU）与执政党就增加能源安全和国防开支达成跨党派共识。然而，随着新问题的出现，这种团结的局面受到破坏，执政党之间产生了分歧。

第二，俄乌冲突爆发以来，随着民众对朔尔茨处理危机方式的不满情绪加剧，社民党和自民党的支持率都有所下降。这种支持转移到了绿党和基民盟/基督教社会联盟（CSU），这两个政党目前的民意调查都高于社民党。[①] 绿党和自民党的政治家们为此曾呼吁总理朔尔茨在俄乌冲突中表现出更强的领导力。绿党政治家安东·霍夫雷特（Anton Hofreiter）认为，朔尔茨应该表现出领导力，"尽快对俄罗斯的煤炭、石油和天然气实施全面的能源禁运"。自民党国防专家玛丽·阿格尼斯·斯特拉克·齐默尔曼（Marie-Agnes Strack-Zimmermann）则要求朔尔茨在向乌克兰交付武器方面加快速度。[②]

第三，俄乌冲突背景下，绿党和自民党两党之间也出现了

[①] 根据民调机构 Forsa 发布的 2022 年 7 月 12 日的民调结果，目前各主要政党的支持率为：联盟党 26%，社民党 19%，绿党 24%，自民党 7%，左翼党 5%，德国选择党 9%，其他政党 10%，https://www.wahlrecht.de/umfragen/。

[②] "FDP und Grüne fordern von Scholz mehr Führungsstärke in Ukraine-Krise", https://www.berlinertageszeitung.de/politik/137572-fdp-und-gruene-fordern-von-scholz-mehr-fuehrungsstaerke-in-ukraine-krise.html.

不和谐的音符，两党就是否对那些从俄乌冲突中获益的企业加税发生了分歧。绿党领袖里卡达·朗（Ricarda Lang）认为应该对那些从冲突中获取超额利润的公司征收超额利润税（Übergewinnsteuer），以作为积极抵消。联邦议院自民党议员卡贾·赫塞尔（Katja Hessel）表示，增税辩论只会加剧不确定性。而且："我们的公司已经承受了好几次的负担：新冠肺炎疫情带来的后果、高能源价格和崩溃的供应链带来的影响"，不但不应该加税，恰恰相反，现在是设定"新的增长的框架条件"的时候了。

第四，在俄乌冲突的背景下，德国国内展开对亲俄派的"清算"，首当其冲的是在俄罗斯石油公司担任高层职务的前总理施罗德，由于其在谴责俄"入侵"乌克兰这件事上的立场不够坚定，态度也不够明确，他被取消作为前总理的部分特权，这在德意志联邦共和国历史上还是第一次。其在联邦议会的办公室将被关闭，办公室的工作人员也将被调离，不再为其服务。施罗德迫于压力放弃在俄罗斯石油公司（Rosneft）的职务。之前力挺"北溪2号"项目的梅前州州长施魏西格也正在接受相关调查，并被反对党要求下台。在这种舆论导向下，社民党新任党主席克林贝尔提出将尽快调整外交与安全政策，尤其是反思并批判由本党首倡并长期奉行的"新东方政策"。

3. 俄乌冲突给德国社会带来的影响

俄乌冲突造成能源价格上涨，从而直接推高了德国民众的生活成本，加剧了中低收入家庭的负担，社会贫困加剧。而来自乌克兰的将近90万人的难民不仅给德国社会保障制度带来巨额负担，难民安置政策也引发了多种社会问题。俄乌冲突爆发后，德国出现了不同主题的多种游行示威活动，频繁的抗议活动给社会秩序和社会安全带来了不安定因素。

①物价上涨导致社会贫困加剧

能源成本的增加不仅推高了德国私人家庭的电力、供暖和交通成本，而且也意味着能源密集型行业的负担也随之增加，进而影响到产品价格。德国在食品上高度依赖进口，而乌克兰和俄罗斯是重要的农产品供应国，预计德国食品价格将进一步上涨。乌克兰和俄罗斯约占世界小麦市场份额的30%、玉米市场份额的20%，以及葵花籽油市场份额的80%。乌克兰的玉米和大豆是德国畜牧业的主要动物饲料来源，因此谷物价格上涨会影响肉类和奶制品的价格。① 能源、消费品和食物价格的上涨将导致私人家庭购买力下降和一系列社会问题。例如，中低收入家庭负担最重，导致社会贫困加剧。

②难民安置引发多种社会问题

俄乌冲突发生后，已经有将近90万人的乌克兰难民涌入德国，这不仅给德国社会保障制度带来巨大的负担，还引发了一系列的社会问题。与2015年的难民潮相比，本次难民潮中流入欧洲国家的乌克兰难民几乎都是女性、儿童及老年人（乌克兰政府不允许18—60岁的乌克兰籍男性离开乌克兰），他们的教育水平普遍偏低，基本不会德语，相较于青壮年男性，能够重新就业的可能性较低，却需要更多的社会照顾。随着难民人数不断增加，德国房地产市场形势继续恶化，缺少居住空间等问题可能会引发社会动荡。目前，德国日托学校等机构已达到了极限，增容这些机构需要数年的时间，对此，德国政府必须找到创造性的解决方案。

另外，伴随着德国针对乌克兰难民的安置措施的实施，引发了其他难民对不平等待遇的批评。与乌克兰难民相比，一些来自其他国家（地区）的难民认为他们受到了不平等对待，还有一些黑人难民认为自己面临种族歧视。欧盟成员国在处理乌

---

① "Die sozialen Auswirkungen des Ukraine-Kriegs in Deutschland", Friedrich Ebert Stiftung, March 31, 2022, https://www.fes.de/themenportal-wirtschaft-finanzen-oekologie-soziales/artikelseite/die-sozialen-auswirkungen-des-ukraine-kriegs-in-deutschland.

克兰难民和促进融合措施时承诺遵守最低标准,而其他来自叙利亚或阿富汗的战争难民必须经历冗长的庇护程序。德国媒体报道了一个案例:250名主要来自叙利亚和阿富汗的难民不得不在一夜之间搬出他们居住的国有公共住所,因为乌克兰难民需要被安置在那里。此外,乌克兰难民也更容易获得更多福利政策,其他国家(地区)的难民感觉自己是二等难民,德国的难民安置方案引发来自其他国家的难民的不满。①

③ 俄乌冲突引发不同主题的抗议活动

俄乌冲突爆发后,德国成千上万的人走上街头,反对俄罗斯对乌克兰发起的特别军事行动。例如2022年3月中旬,曾有6万人以"停止战争"为口号在柏林举行大规模示威活动,有40多个组织加入这一"停止战争"联盟,据该联盟称,德国共有约12.5万人参加集会,斯图加特、法兰克福、汉堡、莱比锡等城市都有数万人参加游行示威。在德国不仅有反战游行,还有反对向乌克兰提供军事援助的示威游行,例如2022年复活节,约2500人在法兰克福进行游行示威反对德国向乌克兰运送武器。另外,也有人因德国政府在武器输送上犹豫不决而进行抗议。有时同一天在同一个城市会出现不同主题的游行示威活动。例如2022年6月11日,几场有关乌克兰的示威活动席卷了柏林市中心。数百人的抗议游行经过俄罗斯大使馆,在联邦总理府前也有示威活动。他们批评俄罗斯对乌克兰的"侵略战争"、批评德国政府在供应武器方面的犹豫不决。频繁的抗议示威活动对社会秩序产生消极影响,给社会安全带来隐患。

---

① "Unmut über ungleiche Behandlung von Kriegsflüchtlingen", Deutschland-funk, May 6, 2022, https://www.deutschlandfunk.de/zwei-klassen-gefluechtete-100.html.

（三）俄乌冲突对德国外交安全政策和对外关系的影响

俄乌冲突的爆发和持续给德国的外交与安全政策带来调整的契机，而这一调整为德国重构对外关系、改变国际地位提供了政策工具。

首先，德国防务政策出现转向：大幅增加国防军费、建立一支现代的联邦国防军。俄乌冲突爆发后不久，2022年2月27日，德国联邦议会召开特别会议，朔尔茨发表政府声明，宣布将继续向乌克兰提供武器，同时为德国联邦国防军增加1000亿欧元的专款，将国防开支提高到GDP的2%以上（2021年德国国防支出占GDP的份额仅为1.5%）。朔尔茨说道："我们将不得不在国家安全上投入更多，以保护自由和民主。目标是建立一支高效、超现代、进步的联邦国防军。"联邦议院还批准了其他北约成员国向乌克兰运送德制武器的要求。同日，德国向俄罗斯关闭领空。[①] 第二次世界大战后，德国一直奉行和平主义传统和"克制文化"的路线，这一政策调整使得德国几乎在一夜之间成为欧洲最强大的军事力量。

德国防务政策发生快速转向的原因有以下几个方面：第一，俄乌冲突的残酷事实让德国及其他欧洲国家认识到欧洲大陆存在发生战争的可能性。而欧洲国家对于依靠北约防务能力维护欧洲安全的自信不足，他们认为自身所具备的安全保障能力在应对危机时具有无可比拟的优势，这就引发了德国及其他欧洲国家进行自身"强身健体"的愿望，以此加强欧洲"战略自

---

① "Bundeskanzler Olaf Scholz: Wir erleben eine Zeitenwende", Deutscher Bundestag, February 27, 2022, https://www.bundestag.de/dokumente/textarchiv/2022/kw08-sondersitzung-882198.

主"、维护欧洲安全。第二，俄乌冲突爆发后，欧盟地缘政治陷入乱局。为了在国际竞争中立于不败之地，欧盟希望自身强大的愿望变得更加迫切。作为欧盟实力最强的成员国，德国自身也有意提升与其经济实力不对称的军事实力，以突破德国在传统安全领域对欧盟的有限领导，真正成为欧盟传统安全领域的领导者，维护欧盟的整体利益。① 第三，在俄乌冲突背景下，德国"克制文化"认同度下降也是德国防务政策能够快速转向的原因②。

其次，德国对俄立场的转变标志着德国对"新东方政策"的原则做出了调整。俄乌冲突发生后，德国主要党派的一些政要均宣告"新东方政策"中"以经贸促转变"的指导路线失败，社民党新任党主席克林贝尔提出将尽快调整外交与安全政策，尤其是反思并批判由本党首倡并长期奉行的"新东方政策"③。在历史上，社民党一直奉行对俄友好的政策。俄乌冲突爆发前，朔尔茨并没有完全跟随以美国为首的西方国家的立场，而是主张通过外交斡旋解决与俄罗斯的矛盾和冲突，但其对俄立场被西方伙伴评价为过于软弱，德国还被称作是"北约中的薄弱环节"。2022年2月朔尔茨访问美国后，在国内和国际舆论双重压力下，他于2月22日宣布暂停"北溪2号"项目的审批进程，而此前他更愿意将它视作私营领域的项目，不愿将其运营与政治挂钩。俄乌冲突爆发后，德国迅速适应了欧洲—大西洋安全秩序中已经发生变化的框架条件：德国在欧盟框架内对

---

① 杨解朴：《"后默克尔时代"的德国：共识政治与否决玩家》，《欧洲研究》2022年第3期。
② 郑春荣、李勤：《俄乌危机下德国新政府外交与安全政策的转型》，《欧洲研究》2022年第3期。
③ 伍慧萍：《德国外交正加速转型，动向值得关注》，环球网，2022年6月29日，https://baijiahao.baidu.com/s?id=1736921349554117373&wfr=spider&for=pc。

俄罗斯的个人、公司和行业实施了严厉制裁。在北约内部，德国政府通过重新部署军队和物资参与了对东欧盟国的再保险政策。当地时间2022年4月26日，德国国防部部长宣布向乌克兰运送重型武器，迈出德国外交政策中前所未有的一步。至此，德国的"新东方政策"的基本原则发生了根本性的改变。

最后，在对外关系中更多地使用价值观作为评判标准。在应对俄乌冲突过程中，德国往往摒弃了务实外交政策，更多地以"价值观"作为政策制定的标准，例如在为其向乌输送武器的决定正名时，更多地使用"自由、民主"等与价值观有关的词汇，并将这一决定上升到捍卫国家安全的层面，借此表明"面对普京的侵略，德国没有其他选择"[1]。在"交通灯"联合政府上台初期，绿党的两位部长——经济和气候保护部哈贝克（Robert Habeck）和外交部长贝尔伯克从就已主张对俄实施更强硬的价值观外交，在俄乌冲突持续过程中，绿党作为和平主义的代表主张对俄罗斯进行迅速而持续的制裁、向乌克兰提供重型武器。

在俄乌冲突的持续中，本届德国政府在对外关系中推行价值观外交，将中国与俄罗斯视为与其价值观对立的对手，在减少对俄罗斯能源依赖的同时，主张减少对华贸易依赖。近年来，印太地区日益成为德国外交政策的新重点。在德国印太指针中，强调反对单极和双极、推动实现关系多元化、多样化，希望打破亚洲政策方面首选与中国对话的传统，和与本国价值观相同的国家进行合作的意味尤其明显。德国将印度、日本定位为自身在亚洲的支点国家，通过政府磋商机制加强与印度的政治对话。2022年6月以来，德国政要频频访问日本、韩国、新加坡、马来西亚、印度尼西亚等，拉拢分化亚洲国家、疏远中国的意

---

[1] 郑春荣、李勤：《俄乌危机下德国新政府外交与安全政策的转型》，《欧洲研究》2022年第3期。

味明显。2022年7月，德国外交部长贝尔伯克，在访问日本时甚至诬称中国在台湾、东海和南海问题上的态度"是对世界和平秩序的挑战"。贝尔伯克曾公开表示，德国对华新战略正在制定中，或许她在日本就中国问题大放厥词就是其对华新战略的首次试水。

在德国政府推行价值观外交的背景下，未来中德关系的走向将越发复杂多变。出于政治偏见和地缘政治考虑，预计德国将在刻意"减少对外依赖"的道路上渐行渐远，并将进一步强化在价值观和地缘政治上的选边站队。

六 俄乌冲突下法国的应对及影响*

（一）法国的立场和应对

俄乌冲突爆发以来，法国第一时间将之定性为"侵略"，指出俄罗斯一方作为"侵略者"，对"战争"负全责；一方面，与其欧盟伙伴一起，迅速启动并不断升级对俄谴责，同时对乌进行援助。但是另一方面，法国并未放弃通过外交斡旋力促停火的努力，它秉承冲突前的对俄政策，自始至终与莫斯科保持沟通，并呼吁欧洲伙伴不要侮辱俄罗斯，以免冲突升级，堵死谈判的大门，从而无法在停火后通过外交手段重建和平。俄乌冲突同时对法国的政治、经济和外交产生了一定影响。特别是进一步坚定了法国推动欧洲走防务自主之路的决心，同时对美国趁俄乌冲突之际、极力推动北约蜕变为反华联盟的做法表示异议。

1. 定性、谴责和制裁

2022年2月24日，俄乌冲突爆发当日，法国就将俄罗斯的行为定性为"侵略"并进行了谴责。法国总统马克龙指出，俄罗斯对乌克兰发动的是侵略，并强调责任在普京一方；他和乌克兰人民站在一起并向乌克兰人民的勇敢致敬。[①] 不久后，马克

---

* 彭姝祎，法学博士，中国社会科学院欧洲研究所研究员。

[①] "Depuis le début du conflit, la position de la France a dérouté les Ukrainiens", *Le Monde*, June 16, 2022.

龙又在电视讲话中重申"普京总统自己选择了发动战争，这不是一场冲突，乌克兰没有北约军队。俄罗斯不是被侵略，而是侵略者"①。法国外交部官网也声明"……2022 年 2 月 24 日，俄罗斯联邦对乌克兰发动了侵略。面对该局面，法国立刻动员起来，以促使俄罗斯方面立刻停火。它站在乌克兰一边，并与其他欧盟成员国一起着手对俄进行制裁，以提高战争的代价并影响俄罗斯总统弗拉基米尔·普京的选择"②。

在将俄乌冲突定性为"侵略"并予以谴责的同时，正如法国外交部所言，法国和其他欧盟成员国一起启动了对俄制裁，从 2022 年 2 月下旬起到 7 月初，已制裁六轮。以天然气禁运为主要内容的第七轮制裁正在酝酿和启动中。

制裁主要涉及以下几方面：第一，人员制裁，即冻结包括俄罗斯总统普京、外交部长拉夫罗夫等在内的政界、商界要人在欧洲资产，并限制他们在欧盟内部旅行。第二，金融制裁，主要包括如下内容：禁止同俄罗斯央行进行资产和储备交易；限制购买俄主权债券；限制来自俄罗斯的金融流动；将包括俄罗斯第一和第二大银行在内的部分银行踢出 SWIFT 支付系统等；第三，经济制裁，主要面向俄能源、运输、航空、国防以及原材料等行业或部门，主要措施包括：禁止某些物资（特别是飞机、军用物资、高科技产品等）的对俄进出口，禁止悬挂俄罗斯国旗的船只进入欧盟国家港口等。能源部门因其重大战略意义而成为制裁的重点，特别是禁止从俄进口煤炭和石油及石油制品（仅限于通过海路进入欧洲的石油，管道输入暂不在制裁

---

① "Guerre en Ukraine: Que retenir du discours d'Emmanuel Macron?", 20 *Minutes*, March 2, 2022, https://www.20minutes.fr/monde/3245267-20220302-guerre-ukraine-plan-resilience-economique-dialogue-poutine-defense-europeenne-dit-emmanuel-macron-lors-allocution.

② 参见法国外交部网站：https://www.diplomatie.gouv.fr/fr/dossiers-pays/ukraine/guerre-en-ukraine-la-position-de-la-france/。

之列）；经济制裁还包括在乌克兰总统泽连斯基的压力下撤出在俄企业。如2022年3月中下旬，法国汽车工业巨头——雷诺公司做出了暂停部分在俄业务并撤出俄罗斯的痛苦决定，鉴于制裁将给企业带来难以估量的经济损失且导致大量人员失业，因此对这种"自杀式"的制裁，企业、政府和主要政治派别均持有异议。① 第四，信息制裁，即以"散布传播虚假信息"和"操纵信息"为由，暂停俄罗斯"卫星通讯社"（Sputnik）、"今日俄罗斯"（Russia Today）和俄罗斯国有新闻频道Rossiya 24等几大新闻媒体在欧盟各国的播出。乌克兰境内的两个亲俄地区——顿涅茨克和卢甘斯克共和国——以及白俄罗斯的相关人员和机构也受到了制裁。

在对俄制裁上，法国存在一些不同的声音，如法国国际关系与战略研究院（French Institute of International Relations, IRIS）亚太研究负责人巴赫特雷米·库尔蒙（Barthélémy Courmont）指出，包括中国在内的许多其他国家拒绝制裁俄罗斯，在对俄制裁上西方是相当孤立的。②

2. 斡旋，寻求和平解决途径

与部分欧盟成员国特别是美国对俄罗斯的强硬和决绝对抗姿态不同，法国在谴责并制裁俄罗斯的同时，并未像乌克兰及部分欧洲国家所期待的那样，在外交上彻底孤立俄罗斯，而是

---

① 泽连斯基曾对法国议会发表电视讲话，要求法撤回在俄企业，否则无异于"支持俄罗斯的战争机器"。此举仅引发绿党和社会党的积极回应。其余政治派别，包括左右翼的极端势力，均对泽连斯基的号召持谨慎和保留态度。人们认为通过让法企撤出俄罗斯的方式来制裁俄罗斯无异于飞蛾扑火。政府指出不要污名化企业，企业不负担任何政治义务，是否撤出由企业自己选择，不会强制。

② "Guerre en Ukraine: quel est le jeu de la Chine?", Iris, April 7, 2022, https://www.iris-france.org/166592-guerre-en-ukraine-quel-est-le-jeu-de-la-chine/.

秉承此前的对俄政策，始终和俄方保持着某种程度的对话与接触，希望劝说普京坐到谈判桌前，以和平的方式解决问题。

马克龙于2017年当选法国总统后，对俄罗斯进行了再审视和再认识，不再视之为欧洲安全的直接威胁，进而调整了对俄政策，放弃此前以孤立和对抗为主的线路，改走缓和与接触之路，希望与俄重建政治互信，进而构建一种包容、开放的欧洲安全新秩序。为此马克龙加强了与普京的沟通——两人互动、互访频繁，并在日益加剧的俄乌冲突中充当调停人。此外马克龙希望在后默克尔时代的欧洲安全事务中发挥更大的作用，推动欧盟走向"战略自主"，这也促使他在调停俄乌冲突方面比其他欧洲国家的元首表现得更加积极。①

有鉴于此，俄乌冲突爆发后，马克龙在谴责俄罗斯的同时，提出要尽一切努力和平解决冲突："我们正努力促进停火并尊重人道主义行动，并将为此继续努力……我们没有同俄罗斯交战，我们知道我们和这个伟大民族的关系……我将尽一切可能和普京总统保持联系，劝说他放弃武器，尽可能阻止冲突蔓延。"②"伟大民族"的提法使法国的谴责比其欧洲伙伴"柔和"很多，留下了不刺激俄罗斯、避免冲突升级、力争和平解决问题的余地。2022年4月初，马克龙对其北约盟友表示有必要与普京保持对话，保持交流的不间断是完全正确的。2022年4月中旬，他拒绝将俄乌冲突定性为"种族大屠杀"，并指出，俄罗斯人和乌克兰人曾经是"兄弟民族"③；2022年5月9日，在斯特拉斯堡的欧洲议会庆祝"欧洲日"之际，马克龙

---

① 马克龙是俄乌冲突爆发以来和普京通话次数最多、通话时间最长的西方领导人。

② "Guerre en Ukraine: Que retenir du discours d'Emmanuel Macron?" *20 Minutes*, March 2, 2022.

③ "Depuis le début du conflit, la position de la France a dérouté les Ukrainiens", *Le Monde*, June 16, 2022.

指出，从欧洲的历史教训①出发，为结束战争，必须在"不羞辱"俄罗斯的前提下重建和平。他说"明天我们必须建设和平，我们永远不要忘记这一点。我们将和乌克兰与俄罗斯一道建设和平……但是，这不能在否定中进行，也不能在相互排斥中进行，更不能在羞辱中进行"②。2022年6月初，他在接受媒体采访时再次表示"我们不能羞辱俄罗斯，以便战斗结束的那一天我们还能通过外交途径来构建一条出路"③。

"不羞辱俄罗斯"和此前称俄罗斯为"伟大的民族"一样，充分体现了马克龙自上任以来对俄的新认知，即俄罗斯是一个既搬不走也绕不过去的大国，必须努力与之一起建立欧洲安全框架。排斥、贬低和侮辱俄罗斯的做法只能激怒它，使事态更加恶化，这对欧洲的长治久安有害无利。"不羞辱俄罗斯"的说法招致美国和部分中东欧国家的激烈反对和批评，尽管马克龙同时指出这场冲突是普京犯下的"历史性和根本性错误"④。中东欧国家的对俄认知和法国不同，在它们看来，俄罗斯首先是威胁，是破坏欧洲安全的力量，因此拒不认同法国

---

① 马克龙指出过去有太多类似的破坏和平的做法，如第一次世界大战后缔结的以羞辱德国为标志的《凡尔赛条约》。

② "La paix ne se construira pas dans 'l'humiliation' de la Russie, affirme Macron", L'Orient-Le Jour, May 9, 2022, https：//www. lorientlejour. com/article/1298879/la-paix-ne-se-construira-pas-dans-lhumiliation-de-la-russie-affirme-macron. html.

③ "Emmanuel Macron se met à dos une partie des pays alliés de l'Ukraine en ne voulant 'pas humilier la Russie'", Le Monde, June 7, 2022, https：//www. lemonde. fr/international/article/2022/06/07/macron-se-met-a-dos-une-partie-des-pays-allies-de-l-ukraine-en-ne-voulant-pas-humilier-la-russie_6129200_3210. html.

④ "Guerre en Ukraine：la clarification nécessaire de l'Elysée", Le Monde, June 11, 2022, https：//www. lemonde. fr/idees/article/2022/06/11/guerre-en-ukraine-la-clarification-necessaire-de-l-elysee_6129835_3232. html.

的说法和做法。尽管以马克龙为代表的"老欧洲"和"新欧洲"之间存在分歧，但马克龙不会放弃斡旋的努力。

3. 向乌提供援助，但不直接参与冲突

在声讨并制裁俄罗斯的同时，法国和其他欧洲国家一样对乌克兰给予了形式多样的援助。首先是军事援助。俄乌冲突爆发以来，法国向乌克兰提供了总价值约1.2亿欧元的军事援助（数据截至2022年4月底），其中包括每天数次向乌克兰总参谋部提供观测卫星图像，标枪反坦克导弹（法国至少向乌克兰提供了三种轻型导弹）、法德两国联合研制的米兰反坦克系统、超短程防空导弹以及凯撒自行榴弹炮等。同时对乌克兰军人进行培训，不过培训早在俄乌冲突爆发前就已经开始。此外法国还向乌克兰军队提供燃料和军装，并派遣了至少500名士兵部署到罗马尼亚的北约基地。其次是人道主义援助，包括药品、医疗设备、医用发电机、帐篷、毛毯、食品、救援和消防设备等，合计约1亿欧元。其他援助还包括：向乌克兰派遣了一个由2名法医和大约15名宪兵组成的技术小组，协助进行尸体的检查和鉴别工作；向乌克兰提供3亿欧元贷款作为预算支持；接纳逾5万名乌克兰难民，并出台保障措施，确保难民的居住和生活，同时集中全社会的力量为难民提供医疗援助、未成年人的教育援助等。[①] 2022年6月16日，马克龙还和德国新任总理朔尔茨、意大利总理德拉吉共同访问了乌克兰首都基辅，以协调对乌快速武器援助和乌申请加入欧盟的问题。

在给予援助的同时，法国和其他欧盟国家一样，强调为避免事态升级，不会直接介入冲突。

[①] "La France a formé des soldats ukrainiens juste avant l'invasion russe", *L'Opinion*, April 12, 2022, https://www.lopinion.fr/international/la-france-a-forme-des-soldats-ukrainiens-juste-avant-linvasion-russe; "Point sur le soutien apporté par la France à l'Ukraine et à la Moldavie", Elysée, https://www.elysee.fr/.

（二）俄乌冲突对法国内政的影响

1. 对总统选举的影响——聚旗效应 助推马克龙赢得连任

俄乌冲突的发生恰逢五年一度的法国总统大选，它对法国内政最直接的影响是在一定程度上促成了马克龙的连任。

从2021年年底起直到俄乌冲突爆发前，法国有关总统大选的所有民调均表明，马克龙的支持率（始终在25%左右）和紧随其后的极右翼国民联盟候选人勒庞的支持率相差不大，后者对马克龙的连任构成了威胁。但俄乌冲突爆发后，得益于聚旗效应（指当一国面临诸如战争等重大安全危机时，领导人的支持率瞬间上升），马克龙的民意支持率瞬间上升，突破了30%；反过来，勒庞则由于此前的某些"亲俄"行为（如曾发表崇拜普京的言论，从俄罗斯的银行贷款筹集竞选经费等）而支持率下跌，两人的差距就此拉大；另一位极右翼候选人，以能言善辩著称的作家兼记者泽穆尔，原本也是强有力的竞争者，他凭借比勒庞更大胆、更赤裸裸的反移民、法国优先论而赢得了众多选民的支持，但俄乌冲突爆发后，他发表了一番对俄罗斯表示同情和理解的言论，受这些"政治不正确"言论的牵连，彻底失去了竞争力。此外在俄乌冲突背景下，民众更倾向于选择一位有处理国际问题经验的、能够应对复杂国际事务的成熟领袖。在上述诸因素的共同助推下，马克龙最终成功赢得连任。

2. 对经济的影响——通胀飙升 经济增速放缓

俄乌冲突导致了严重的通货膨胀，进而连累了法国经济。本来法国经济在新冠肺炎疫情有所缓解后快速复苏，表现出了强劲且持续的增长势头，但是俄乌冲突造成的地缘政治动荡和与之相关的能源冲击带来的严重负面影响，改变了法国的经济增长轨迹，未来两年法国的经济增长将十分乏力。世界银行、国际货币基金组织、法国国家统计局和法国经济观察站（OFCE）等机构均预测，2022年法国的经济增速将急剧放缓，并将法国的经济增长预期从2021年秋的4.2%下调至2022年的2.7%。① 法兰西银行预测，受俄乌冲突影响，法国的经济增长率将持续走低，2023年会降至1.3%，2024年则进一步降至1.1%。②

经济增速放缓的主要原因在于俄乌冲突所造成的严重通货膨胀。统计表明，受俄乌冲突等因素影响，法国的通胀率已从2020年的0.53%和2021年的2.07%剧烈升至2022年6月的5.4%。法兰西银行预测，未来通胀率将持续高速上涨，直到2022年9月；此后涨幅将放缓，但仍将上涨，直到2024年。③ 造成通胀的首要因素是俄乌冲突和对俄能源制裁造成的全球石油价格和某些原材料价格的上涨——世界银行的预测表明，受俄乌冲突影响，全球能源价格将上涨50%，是1973年以来最为严重的一次。其次是食品和服务价格的上涨。按照法兰西银行的预测，2022年，用于衡量通胀水平的消费者价格指数或将达到3.7%—4.4%，远高于2021年年底预测的2.5%。④

通胀对法国家庭的购买力造成了沉重打击，统计表明，

---

① "L'économie française ébranlée par l'inflation et la guerre en Ukraine", *La Tribune*, May 25, 2022, https：//www. latribune. fr/economie/france/l-economie-francaise-ebranlee-par-l-inflation-et-la-guerre-en-ukraine-919 258. html.

② "Guerre en Ukraine: quel impact sur la croissance économique en France?", *La finance pour tous*, March 15, 2022, https：//www. lafinancepourtous. com/2022/03/15/guerre-en-ukraine-quel-impact-sur-la-croissance-economique-en-france/.

③ "L'inflation menace l'économie française", Youtubu, May 10, 2022, https：//www. youtube. com/watch？v = pT9R-xmWc7M.

④ "Guerre en Ukraine: quel impact sur la croissance économique en France？", *La Finance pour Tous*, March 15, 2022.

2022年第一季度，法国的家庭消费水平已经下降。企业也未能幸免：由于生产成本的提高和地缘政治动荡导致的金融市场紧张，企业从生产、销售到投资均将受到负面影响。最后，法兰西银行预测，在俄乌冲突影响下，国际需求下降，因此尽管俄罗斯和乌克兰都不是法国的主要贸易伙伴，但两者的冲突将严重影响德国、西班牙和意大利等其他欧洲国家的经济活动，进而导致其从法国进口的商品和服务减少，间接拖累法国经济。

面对上述不利局面，法国政府出台了"经济与社会振兴计划"（plan de résilience économique et sociale），推出能源券、通胀补偿、冻结天然气价格、限制电价涨幅等措施，以缓解冲突对法国经济、社会的冲击。

3. 对能源供应的影响——相对较小 但未雨绸缪

俄乌冲突导致的能源危机对法国的影响相对较小。法国经济分析委员会指出，与德国等其他国家相比，法国的石油来源较为多元——2020年，法国第一大石油来源地是挪威，占法国石油供应总量的36%；其次才是俄罗斯，占17%[1]，因此法国对俄罗斯石油的依赖程度远低于德国，更低于保加利亚（75%）、斯洛伐克（85%）、芬兰（97%）和捷克（100%）[2]等高度依赖俄石油的国家。有鉴于此，对俄石油禁运，哪怕是俄全面停止石油出口，对法国的影响都相对较小。此外法国拥

---

[1] "Guerre en Ukraine：la France ne reçoit plus de gaz russe"，*Le Monde*，June 18，2022，https：//www.lemonde.fr/economie/article/2022/06/18/guerre-en-ukraine-la-france-ne-recoit-plus-de-gaz-russe_6130933_3234.html.

[2] "Guerre en Ukraine：la France ne reçoit plus de gaz russe"，*Le Monde*，June 18，2022，https：//www.lemonde.fr/economie/article/2022/06/18/guerre-en-ukraine-la-france-ne-recoit-plus-de-gaz-russe_6130933_3234.html.

有强大的核发电能力，石油主要用于供暖，因此在冬季来临之前，石油禁运的影响并不明显。法国经济分析委员会同时指出，在此前的新冠肺炎疫情期间，法国企业已经学会了如何适应石油供应的短缺，有能力在中短期内寻求天然气等替代品，因此即使俄全面停止对欧供应石油，对法国经济的影响也不算大——国民总收入将下降0.15到0.3个百分点。①

尽管如此，法国仍然未雨绸缪。一方面，为应对眼下的危机，特别是即将到来的冬天，法国提出"能源主权"，允许国家在能源供应困难的情况下，为节省能源而对天然气、电力等的供应进行管控和限制。同时在"战时经济"的旗号下，将于2022年10月重启出于气候和能源转型因素而于2022年3月才宣布永久关闭的煤电站；②③ 另一方面从长计议，指出要加快能源转型，减少对化石能源的依赖——法国经济部部长指出，应对能源危机的唯一方法是"在未来10年内彻底实现能源独立"④。

---

① "Guerre en Ukraine: quels impacts pour la France si la Russie décidait de couper le robinet du gaz?", *Le Journal du Dimanche*, April 27, 2022, https://www.lejdd.fr/International/guerre-en-ukraine-quels-impacts-pour-la-france-si-la-russie-decidait-de-couper-le-robinet-du-gaz-4108185.

② 指Saint-Avold煤电站（centrale à charbon de Saint-Avold），该电站是根据《能源和气候法》（*la loi énergie et climat*）的规定关闭的。

③ "L'Etat se met en《économie de guerre》afin de parer à une possible crise énergétique cet hiver", *Libération*, July 1, 2022, https://www.liberation.fr/economie/letat-se-met-en-economie-de-guerre-afin-de-parer-a-une-possible-crise-energetique-cet-hiver-20220701_RPQ46AHPFFAS5BLZP66AM3AWUU/.

④ "Transition énergétique: Avec la guerre en Ukraine, l'heure du choix pour les Occidentaux", *Novethic*, March 9, 2022, https://www.novethic.fr/actualite/energie/transition-energetique/isr-rse/guerre-en-ukraine-independance-energetique-va-t-elle-rimer-avec-transition-energetique-150642.html.

4. 对防务政策的影响——增加预算 加强国防

俄乌冲突促使法国进一步增加国防预算，查缺补漏，加强国防建设。法国拥有欧洲首屈一指的强大军队，是欧洲大陆唯一一个陆海空三军平衡发展的国家，但是受多种因素影响，法国的军费开支长期处于停滞阶段。2017年马克龙当选总统后，计划加强防务建设，增加国防预算，对军队进行现代化改造，并出台2019—2025年《军事计划法》（*loi de programmation militaire*），拟将军费开支增至2022年的409亿欧元和2025年的500亿欧元，使之逐步占到GDP的2%。① 俄乌冲突爆发后，马克龙要求有关部门根据地缘政治的新变化重新评估《军事计划法》，并重新审核军费，争取"以较低的成本（把国防建设）推进得更快，更强"②，这表明在俄乌冲突背景下，法国有可能进一步提高军费支出。

法国专家指出，俄乌冲突暴露了法军的短板，特别是军火储备和地空防御系统的不足，因为法国的军火工业生产能力有限，只能满足过去30年的有限需求，不能有效应对不断变化的新局面，特别是突发的武装冲突。为此法国有关部门提出了一份立法动议，建议以法律的形式允许国家在特殊情况下征用民用企业，用于军事目的，即生产武器。该法若出台，法国便可以在不进入战争状态的情况下尽快调动相关民用企业进行军事

---

① "Guerre en Ukraine: Macron veut doper la défense et 'entrer dans une économie de guerre'", Capital, June 13, 2022, https://www.capital.fr/economie-politique/guerre-en-ukraine-macron-veut-doper-la-defense-et-entrer-dans-une-economie-de-guerre-1438874.

② "Emmanuel Macron veut réévaluer les dépenses militaires françaises à l'aune de la guerre en Ukraine", 20 Minutes, June 13, 2022, https://www.capital.fr/economie-politique/guerre-en-ukraine-macron-veut-doper-la-defense-et-entrer-dans-une-economie-de-guerre-1438874.

生产，补充武器装备。俄乌冲突还凸显了网络战、信息战的重要性，为此法国提出通过增加警力（拟在未来几年招募1500名"网络巡查员"）、调动预备役人员、加大投资等方式，加强网军建设，强化网络安全。法国对俄乌冲突的第三个观察是，在现代战争中，战斗主体不再局限于军队，非国家行为体也发挥着重要作用，如无人机运营商等，为此法国决定在诸如此类的领域做好人才的摸底、动员和储备工作。

（三）俄乌冲突对法国外交的影响

1. 进一步坚定了法国加强欧洲防务与"战略自主"的决心

法国一向是倡导欧洲防务自主的急先锋，几乎历任总统都主张建立欧洲自己的防务系统，摆脱对美国及以其为首的北约的依赖。作为新一代欧洲一体化的领导者，马克龙加倍重视并不断强调这一点，自2017年当选总统以来，不遗余力地推进欧洲防务建设，呼吁欧盟成员国加强欧洲层面的国防工业合作，自下而上地构建防务共同体，增强集体防御能力。

俄乌冲突的爆发，在短期内加强了欧洲对美国的防务依赖，同时也加倍暴露了欧洲在防务领域的短板并进一步唤醒了欧洲加强自身防务能力的意识。马克龙抓住时机，并利用法国担任欧盟轮值主席国之际，在多种场合不断重申加强欧洲防务建设的必要性和重要性。如2022年5月9日在斯特拉斯堡举行的欧洲议会提出"建立一个更加强大和享有更多主权的欧洲"[①]。2022年6月初指出"现在是确立欧洲优先权的时候了""我们需要加强欧洲的国防工业和国防工业与科技基础，使之更强大，

---

① "Discours du Président de la République à l'occasion de la Conférence sur l'avenir de l'Europe", May 10, 2022, https：//presidence-francaise.consilium.europa.eu/fr/actualites/discours-du-president-de-la-republique-a-l-occasion-de-la-conference-sur-l-avenir-de-l-europe/.

符合更高的要求……，否则明天我们会更加依赖别人。"① 2022年6月14日，借到访罗马尼亚、看望和比利时士兵一起部署在那里的法国军人之际，马克龙指出"我们和比利时的合作是史无前例的，欧洲防务正在这里建设，在这种伙伴关系和亲密关系中建设"②。

  法国学界和智库也纷纷呼吁加速推进欧洲防务自主。法国国际关系与战略研究院亚太研究负责人巴尔德雷米·库尔蒙直言不讳地指出，美国总统是相当现实主义的，其对外政策的核心是美国国家利益，它在俄乌冲突的应对和对俄制裁上置欧洲的利益于不顾。特别是多年来未听取欧洲盟友的意见，未充分尊重法德两国此前的斡旋努力，以好战的口气挑衅、刺激俄罗斯，最终导致冲突升级，而这一切恶果都将由欧洲来承担。③ 言外之意是欧洲需吸取教训，摆脱对美依赖。法国军事学院战略研究所研究员皮埃尔·阿罗什针对欧洲各国纷纷采买美国武器装备的做法，倡导从整合国防工业和购买欧洲自己的武器装备开始，促进防务自主建设，他指出"经验表明，采购同样的材料，拥有同样的武器装备有助于协调行动，军事一体化的良性循环不是自上而下，而是自下而上的，是从武器装备和技战术实践开始的……（我们的）最终目标是通过购买欧洲自己制造的武器而不是从美国进口来促进欧洲的'战略自主'……减少对外部力量的依赖"。他同时直言不讳地指出"即便美国和俄

---

① "Guerre en Ukraine: Macron veut doper la défense et 'etentrer dans une économie de guerre'", *Capital*, June 13, 2022, https://www.capital.fr/economie-politique/guerre-en-ukraine-macron-veut-doper-la-defense-et-entrer-dans-une-economie-de-guerre-1438874.

② "En Roumanie, Macron vante l'Europe de la défense", *Le Monde*, 16/06/2022.

③ "Guerre en Ukraine: les États-Unis s'assoient-ils sur les intérêts de l'Europe?", Iris, March 10, 2022, https://www.iris-france.org/165603-guerre-en-ukraine-les-etats-unis-sassoient-ils-sur-les-interets-de-leurope/.

罗斯相反，是盟友（而非敌人），但特朗普治理下的美国已证明，这个盟友不一定站在欧洲的立场上"。最后他强调如果每个国家都选用美国的武器装备，就会错过建立真正的欧洲国防工业的机会，并反问"联盟今天不拿出勇气，更待何时？"①

法国的推动产生了一定的积极效果，如欧盟各国在2022年3月10—11日的凡尔赛峰会上一致决定"坚决加强"国防能力投入，并"大幅度增加"整个欧盟的国防开支，使之占到GDP的2%。2022年3月25日，欧盟27国通过《战略指南针》计划，为欧盟未来5—10年的安全和防务政策制定了方向，包括建立讨论已久的5000人快速反应部队。

需引起注意的是，法国的极右翼政党国民联盟在2022年6月的立法选举中以89个席位的好成绩获得历史性突破，成为议会中最重要的反对力量。勒庞倡导"法国优先"，最大限度地回归双边关系，实现外交政策自主，靠法国自身来捍卫本国利益，拒绝欧盟、北约这样的多边框架和集体谈判机制。她批评北约危险、好战，会把法国拖入战争泥潭，呼吁法国退出北约军事组织，重新定义与美国的军事关系，用法国的独立防务力量取代北约。勒庞认为北约东扩挤压俄罗斯的战略空间是引发俄担忧进而导致俄乌冲突的原因，倡导冲突一结束就将保障北约与俄和睦相处提上日程，以避免再次激怒俄罗斯——在她看来欧洲的安全是其他一切的前提，甚至主张在某些基本问题上与俄罗斯结盟。勒庞的主张能否以及在何种程度上影响政府的决策，有待进一步观察。

2. 暴露了法德在防务自主问题上的分歧

俄乌冲突爆发以来，欧洲表现出了空前的团结。尽管如此，

---

① "C'est le moment pour l'Union européenne de faire preuve d'audace et d'investir dans sa défense", *Le Monde*, June 16, 2022.

此次冲突还是暴露了法德两个核心大国在欧洲防务自主问题上的一些分歧，并引发了前者对后者的批评。

法德这一对欧洲一体化的发动机，在推动欧洲防务自主方面发挥着关键作用，但出于不同的战略文化传统、战略利益甚至经济利益考量，德国在防务自主上的表现始终没有法国那么积极，有时甚至让人感觉"三心二意"。此前，随着特朗普治下的美国宣布削减对欧防务义务，德国在防务自主上发生了积极的转变，加强了与法国的防务合作，两国联合其他欧盟伙伴，共同启动了一系列军事研发项目，典型的如"未来战机项目"（即未来空中作战系统，SCAF）等，该项目以法国航空企业为依托研发欧洲自己的新一代战机，并决定到2040年以该战机陆续替换掉欧洲的老旧战机。俄乌冲突爆发后，德国在防务自主的问题上再次向前迈进一步，决定5年内投入1000亿欧元，将军费开支提高到占GDP的2%，从加强自身防务建设出发推动欧洲防务自主。法国对此表示热烈欢迎，但同时又表现出一定的疑虑，指出钱不能随便花，德国的一切举动都要在既有的欧洲防务框架和安排内进行，特别是武器装备的采买。言外之意是要求德国购买欧洲的武器。但是2022年3月，德国突然宣布购买美国的F-35战斗机，用来替换部分老旧的英国造"阵风"战斗机[1]，这引发了法国的不满和疑虑。

欧洲战机的更新换代是个老话题。此前，美国曾经施压默克尔，要求德国只能购买美国战机。出于保护"未来战机项目"

---

[1] 德国之所以采买美国飞机，源于北约的任务分工。在北约的相关政策框架内，美国要和其欧洲伙伴共享核武器，即向没有核武器的北约成员国提供核武器，并在比利时、荷兰、意大利、德国和土耳其等国家储存有一定数量的核弹头（法国因有独立的核力量而未储存）。根据北约核共享协议，上述储存国需在战时使用本国战机将核弹头运至战区，甚至可直接投放，但核密码依然在美国手中。德国的"阵风"战机是经认证可携带美在德储存的B-61核弹的，但老旧过时，需要更换。

的目的，默克尔最终顶住压力，拒绝了美国的要求。2021年10月以来，美国进一步施压，规定只有美国的F-35战机可以和储存在欧洲的核弹对接。挪威、瑞士、芬兰、比利时、意大利、英国等北约国家也陆续放弃了采买法国和欧洲战机的计划，转而购买美国战机。现任德国新政府就是以"其他国家已买，德国买一样的能产生集群效应"为由步其后尘的。

法国人对此反应强烈，法媒指出德国的做法表明它不会自发选择欧洲"战略自主"，这破坏了法德轴心的稳定，"德国人宁愿在文化和军事上继续依赖美国，而不是以欧洲的战略和工业自主权为目标。对他们来说，欧洲的防务就是北约，也就是美国。此外，德国人并不想提振法国的军事工业"。① 法国议会提出强烈抗议和警告，认为购买美国战机的行为违背了欧洲的战略利益。法国国际关系与战略研究院指出欧洲各国军队生产和购买欧洲制造的装备是欧洲防务的关键之一，但德国购买美国战机的行为表明，欧盟在军事能力方面显然存在美国化的风险，欧洲决不能忽视"战略自主"的目标，否则就有可能在军事上更加依赖美国，特别是迅速将额外国防信贷用于购买现成美国装备。马克龙也指出"我们不要再重蹈覆辙，花大价钱在其他地方买东西不是好主意"②。

法国是全球首屈一指的军工大国，军工是其支柱产业。由于美国的硬性规定，法国航空企业长期被排斥在巨大的欧洲航空市场之外，正如法国指出的，共享核武器是美国趁机强行出

---

① "Élisabeth Lévy：'Dans ce couple franco-allemand, les cocus c'est nous'", Sud Radio, March 15, 2022, https：//www. sudradio. fr/societe/elisabeth-levy-dans-ce-couple-franco-allemand-les-cocus-cest-nous.

② "Guerre en Ukraine：Macron veut doper la défense et 'entrer dans une économie de guerre'", *Capital*, June 13, 2022, https：//www. capital. fr/economie-politique/guerre-en-ukraine-macron-veut-doper-la-defense-et-entrer-dans-une-economie-de-guerre-1438874.

售本国战机的工具。因此，法德两国在欧洲防务问题上的分歧，背后还有着经济利益的考虑。

面对法国的激烈反应，德国国防部部长赶紧"灭火"，表示将继续推进欧洲军事合作，和西班牙、法国一起完成"未来战机项目"，力争到2045年之前将战机百分百欧洲化。尽管如此，法德两国主导的防务合作还是出现了裂痕。法媒不无遗憾地指出"法国再次显得孤立无援。我们一直在谈论法德轴心。但人们的印象是，这对轴心中的一方永远遭遇背叛，这就是我们"①。

目前法国议会中最重要的反对力量——勒庞领导的极右翼政党国民联盟对德国持高度的不信任。在法国总统大选的竞选阶段，勒庞就主张结束自2017年以来在国防工业领域与德国的结构性合作，撤销法国对德国出任联合国安理会常任理事国的支持。未来勒庞的主张是否会进一步影响法德在防务领域的合作，有待观察。

3. 法国期望中国斡旋俄乌冲突，不认同美国趁机将北约变成反华联盟

俄乌冲突爆发后，法国希望中国扮演调停人的角色，并对此抱有较高期许。法刊和智库都指出，中国在西方和俄罗斯之间走钢丝，既不想破坏与莫斯科的联盟，又担心西方的制裁严重打击已被战争拖累的中国经济。为此它们希望中国采取行动，动用国际影响力促使俄撤军，以和平方式解决危机。

在俄乌冲突背景下，曾被马克龙宣布"脑死亡"的北约不仅"重启"，而且未来随着瑞典和芬兰的加入无疑正得到空前加强。不过在美国的怂恿下，北约正悄悄变质，从一个以维护欧

---

① "Élisabeth Lévy：'Dans ce couple franco-allemand, les cocus c'est nous'", Sud Radio, March 15, 2022, https：//www.sudradio.fr/societe/elisabeth-levy-dans-ce-couple-franco-allemand-les-cocus-cest-nous.

洲集体安全为使命的"防务联盟"蜕变为"反华联盟"——在2022年6月29日于西班牙首都马德里举行的北约峰会上，北约在将俄罗斯定义为"最大威胁"的同时，把矛头指向中国，将中国定义为对北约利益的"挑战"而非"对手"。按照北约的说法，中国是执行"与我们的利益、安全和价值观相悖的强制性政策"的国家，它在政治、经济、军事和网络安全等方面对北约构成了系统性挑战。北约对中国的定位是史无前例的，也是荒谬无理的，因为远在亚欧大陆东端的中国和北约扯不上任何关系，也从来不是该组织的防御目标。

对美国借机将北约"篡改"为反华联盟的做法，法国并不认同。在北约峰会上，以法德为首的欧洲国家和美国在中国问题上进行了长时间的辩论，当美国推动在北约战略文件中使用强硬对华措辞时，法德两国则努力推动缓和对华用语。马克龙指出"我们（围绕中国）进行了长时间的辩论""法国的立场很明确，北约不是一个反华联盟"。面对中国影响力的不断上升，他指出这不一定必然导致动荡和霸权，"北约不要寻找新敌人"①。法国国际关系与战略研究院院长帕斯卡尔·博尼费斯（Pascal Boniface）则指出，美国对北约的定位和欧洲不同，在美国看来，虽然北约当下的使命是在东欧侧翼阻止俄罗斯，但其战略重点是对抗中国，北约是美国将欧洲卷入其中的工具。美国将日本、韩国、澳大利亚和新西兰作为在印太地区的重要盟友邀请来参加北约峰会就证明了这一点，即建构所谓的"民主国家联盟"，共同应对中国。博尼费斯指出，尽管欧中双方存在分歧，但是接受北约成为一个反华组织，进而与美国的对华战略议程保持一致，是双重错误。②

---

① "Le sommet de Madrid entérine le fragile sursaut de l'Alliance atlantique", *Lefigaro*, July 1, 2022, p. 7.

② Pascal Boniface, "L'OTAN: une alliance anti-chinoise?", June 29, 2022, IRIS, https://www.iris-france.org/168512-lotan-une-alliance-anti-chinoise/.

法媒也指出，欧洲不愿意双线作战，对它们来说，眼下的主要威胁是俄罗斯。遥远的中国在欧洲看来是对手，竞争者或伙伴①，言外之意中国不是威胁。由此可见，尽管美国利用俄乌冲突煽动其欧洲伙伴反华，但法国及法德共同领导下的欧盟并不愿意同流合污。

---

① "L'Otan mobilisée par les Américains contre le《défi》chinois", Radio France inter, June 29, 2022, https：//www. radiofrance. fr/franceinter/podcasts/geopolitique/geopolitique-du-mercredi-29-juin-2022-8273154.

七 俄乌冲突下英国的应对及影响[*]

俄乌冲突爆发后,英国不仅予以高度关注,而且迅速采取了包括向乌克兰提供各项援助和对俄罗斯实施制裁在内的各项应对措施。同时,英国还通过各种多边和双边场合积极开展外交活动。俄乌冲突对英国内政外交的各个方面都产生了深刻影响。

(一)英国在俄乌冲突中的立场与应对

俄乌冲突爆发后,英国的表现十分令人瞩目,它在退出欧盟后反倒成了在外交舞台上最为活跃的欧洲国家,它在某些方面的立场甚至比美国还要激进和强硬。英国不仅旗帜鲜明地将俄罗斯的行为定位为"侵略",而且还迅速采取了包括向乌克兰提供一系列援助、对俄罗斯实施制裁在内的多项措施,同时频频利用各种双边和多边场合开展外交活动,推动美国和其他西方国家对俄罗斯采取最严厉的制裁措施。

1. 对俄乌冲突的定位及对俄罗斯的认知

俄乌冲突爆发伊始,英国就明确将俄罗斯在乌克兰的"特别

---

[*] 李靖堃,法学博士,中国社会科学院欧洲研究所研究员,欧洲政治研究室主任。

军事行动"界定为"侵略"。英国政府指出，它与其他伙伴国家共同"谴责俄罗斯'突如其来的'和'蓄谋已久的'对乌克兰的侵略"，并且"与乌克兰站在一起"。① 时任英国首相约翰逊、外交大臣特拉斯、防务大臣华莱士等人都在不同场合表达了同样的立场。约翰逊称这场冲突为"邪恶与良善"之间的"道德战争"（a moral battle of "good vs evil"）②；防务大臣华莱士称这场冲突为俄罗斯对乌克兰的"非法和突然的侵略"。③ 而外交大臣特拉斯的言论则更加激进。2022年3月19日，特拉斯在大西洋理事会发表演说，她称俄罗斯在乌克兰的行动是"堪比'9·11'规模的范式转移（paradigm shift）"，并将俄乌冲突描述为"西方民主与威权制度"之间的一场战争，认为俄罗斯的行动"摧毁了全球安全架构"，其目的是"试图建立一种新的'威权主义'世界秩序"。④

上述立场与英国对俄罗斯的定位一脉相承。自2014年以来，英俄双方关系就不断恶化。2021年3月，英国政府在《安全、防务、发展与外交政策综合评估》（*Global Britain in a Competitive Age*：*the Integrated Review of Security, Defence, Development and Foreign Policy*）报告中明确将俄罗斯界定为对英国安全的"最严重的直接威胁"，声称来自于俄罗斯等国的

---

① "The UK government's response to the Russian invasion of Ukraine", UK Government, https://www.gov.uk/government/topical-events/russian-invasion-of-ukraine-uk-government-response/about.

② "Ukraine's resistance 'one of the most glorious chapters in military history', says Boris Johnson", Euronews, https://www.euronews.com/my-europe/2022/05/03/uk-pm-boris-johnson-to-address-ukraine-s-parliament.

③ "Speech by Defence Secretary on Russia's invasion of Ukraine", UK Government, https://www.gov.uk/government/speeches/speech-by-defence-secretary-on-russias-invasion-of-ukraine.

④ "UK foreign minister: Putin's invasion of Ukraine is a 'paradigm shift on the scale of 9/11'", Atlantic Council, https://www.atlanticcouncil.org/blogs/new-atlanticist/uk-foreign-minister-putins-invasion-of-ukraine-is-a-paradigm-shift-on-the-scale-of-9-11/.

大国竞争是导致安全环境恶化、国际秩序被削弱的关键因素。① 2022 年 2 月初，也就是俄乌冲突爆发前夕，俄罗斯国防部部长绍伊古在与英国防务大臣华莱士会晤时曾提到，英俄关系已经"陷于谷底"，双方"合作水平接近于零，而且即将进入负值"②。这一"预言"在俄乌冲突爆发后成为现实。

2. 对俄罗斯实施制裁

早在 2014 年，英国就已经开始对俄罗斯实施一系列制裁，但当时它还是欧盟成员国，是在欧盟框架下实施的制裁。其制裁措施的范围很广泛，大体分为三类：一是对个人和实体实施的包括冻结资产和旅行禁令在内的措施；二是武器禁运，以及对其他贸易的限制，例如禁止向俄罗斯出口开采石油所需的技术，限制向俄罗斯某些企业和银行借款等；三是主要针对克里米亚，包括禁止英国企业和个人在克里米亚投资，以及禁止与克里米亚开展贸易。

在退出欧盟后，为确保此前的对俄制裁继续有效，英国采用了修订法律的方式来对制裁俄罗斯的行为提供法律依据。2020 年 12 月 31 日，《俄罗斯（制裁）（退出欧盟）条例》（［*Russia（Sanctions）（EU exit）Regulation 2019*］正式生效。2022 年 2 月 10 日，即俄乌冲突爆发之前，英国政府发布了《俄罗斯（制裁）（退出欧盟）（修订）条例》［*Russia（Sanctions）（EU*

---

① "Global Britain in a competitive age: The Integrated Review of Security, Defence, Development and Foreign Policy", UK Government, https://assets.publishing.service.gov.uk/government/uploads/system/uploads/attachment_data/file/975077/Global_Britain_in_a_Competitive_Age-_the_Integrated_Review_of_Security__Defence__Development_and_Foreign_Policy.pdf.

② "Russian Minister says UK-Russia ties 'close to zero'", The Moscow Times, https://www.themoscowtimes.com/2022/02/11/russian-minister-says-uk-russia-ties-close-to-zero-a76349.

exit)(Amend-ment)Regulation 2022〕，修订了2019年条例中的认定标准，并将化学、建筑、防务、能源、冶炼、电子、信息、通信与数字技术、交通以及金融服务等认定为对俄罗斯具有"战略意义"的部门。根据修订后的条例，英国政府有权对俄罗斯实施制裁的范围更加广泛，且能够更容易、更快速地对俄罗斯的绝大部分经济部门实施制裁。在介绍此项法律时，外交大臣特拉斯指出："这将是有史以来我们对俄罗斯采取的最严厉制裁……那些与克里姆林宫有关联的企业或个人将无处可藏。"[1]

2022年2月22日，即俄乌冲突爆发前夕，英国政府已经启动了对俄罗斯的第一轮制裁，其中包括5家俄罗斯银行。俄乌冲突爆发后，英国政府第一时间宣布启动"全面"和"史无前例的"制裁。[2] 制裁措施主要集中于金融领域，包括禁止俄罗斯关键企业在英国金融市场融资，禁止被制裁的俄罗斯银行进入英镑清算支付系统，并对俄罗斯几家重要金融机构的资产予以冻结，此外还承诺将对所有俄罗斯银行实行全面资产冻结。截至2022年6月初，英国已经单独或与美国、欧盟等共同对俄罗斯实施了多轮制裁，其涵盖范围十分广泛，制裁力度也仅次于美国。

英国对俄罗斯采取的制裁措施可分为以下四类：第一，人员制裁。对包括俄罗斯总统普京、外交部长拉夫罗夫等高级官员及其家庭成员在内的个人实施资产冻结与旅行禁令。第二，金融制裁。包括将俄罗斯部分银行排除出SWIFT支付系统；限制俄罗斯中央银行的活动；全面冻结部分金融机构的资产，其中包括俄罗斯最大的银行联邦储蓄银行（Sberbank）；防止俄罗斯从诸如国际货币基金组织、世界银行等多边机构获得融资；禁止英国企业在

---

[1] "Russia: Sanctions-Volume 708: debated on Monday 31 January 2022", UK Parliament, https://hansard.parliament.uk/commons/2022-01-31/debates/8FE6C779-7A6B-430E-BA78-715C47D48FBF/RussiaSanctions.

[2] "Sanctions against Russia", House of Commons Library, https://researchbriefings.files.parliament.uk/documents/CBP-9481/CBP-9481.pdf.

俄罗斯投资等。第三，交通运输制裁。禁止所有英国港口向俄罗斯船只开放，并禁止所有俄罗斯飞机飞越英国领空或在英国降落。此外，英国政府还禁止俄罗斯航空公司（Aeroflot）、俄罗斯国家航空公司（Rossiya）以及乌拉尔航空公司（Ural）出售其在英国机场内可盈利的未使用降落时间段。第四，贸易制裁。禁止向俄罗斯出口化学制品、塑料、橡胶和机械设备等产品，以及与电子、通信和航空航天等"战略部门"相关的产品和技术，包括技术援助，同时也禁止英国企业提供与这类部门相关的保险和再保险服务；在进口方面，取消俄罗斯部分产品的"最惠国待遇"，并对包括钢铁、化肥、木材、水泥、铜、铝、银、铅、啤酒、纸张、毛皮、珠宝、香烟和白鱼等在内的多种商品征收附加进口关税。2022年4月初，英国政府宣布全面禁止从俄罗斯进口钢铁产品、银制品和木制品以及鱼子酱等高端商品，并宣布到2022年年底全面禁止从俄罗斯进口石油产品和煤。

3. 向乌克兰提供包括武器在内的一系列援助

俄乌冲突爆发后，英国迅速声援并给予了乌克兰"道义支持"。特别是，2022年4月9日，英国首相约翰逊访问乌克兰，成为第一个访问乌克兰的西方国家领导人。他不仅在新闻发布会上严厉谴责俄罗斯，而且承诺尽力向乌克兰提供后者需要的技术支持以及经济和军事援助。① 2022年5月3日，约翰逊通过视频连线向乌克兰议会发表演说，不仅明确提出相信乌克兰一定会获胜，而且将乌克兰的行动比喻为"军事史上最伟大的篇章之一"②。

---

① "PM's remarks during joint clip with President Zelenskyy: 9 April 2022", UK Government, https://www.gov.uk/government/speeches/pms-remarks-during-joint-clip-with-president-zelenskyy-9-april-2022/.

② "Ukraine's resistance 'one of the most glorious chapters in military history', says Boris Johnson", Euronews, https://www.euronews.com/my-europe/2022/05/03/uk-pm-boris-johnson-to-address-ukraine-s-parliament.

2022年6月17日，在德、法、意三国领导人访问乌克兰之后，约翰逊再次访问乌克兰，并承诺为乌克兰军队提供包括培训支持在内的一系列军事援助。

除"道义支持"以外，英国还向乌克兰提供了大量军事装备。它不仅是最早向乌克兰提供"致命武器"的国家之一，而且还是少数将主流现役武器提供给乌克兰的国家之一。例如，英国援助乌克兰的星光单兵防空导弹是世界上拦截速度最快的短程地空导弹，对绝大多数飞行高度低于7000米的飞行器都构成致命威胁。根据英国政府网站的数据，俄乌冲突爆发以来，英国已向乌克兰提供了5000枚反坦克导弹、防空导弹、1360份反结构弹药、4.5吨炸药和5套防空系统，以及车辆、小型武器、头盔、防弹背心、粮食和医疗设备等。[①] 2022年5月3日，英国首相约翰逊宣布再向乌克兰提供价值3亿英镑的军事援助，包括电子作战装备、雷达系统、GPS干扰设备以及夜视仪等。不排除未来英国向乌克兰提供更多军事援助的可能。

除提供军备武器之外，英国还曾表示拟向乌克兰派出以英国为首的联合远征军，以支持乌克兰抵抗俄罗斯的"侵略"。尽管联合远征军并未成行，而且最终成行的可能性微乎其微，但在美国以及北约都明确表示不会派出军队进入乌克兰的情况下，英国的此种表态显得十分"另类"和吸引眼球。

此外，英国政府还向乌克兰提供了包括医疗设备等在内的人道主义援助，它还推出了旨在接收乌克兰难民的"乌克兰家园"（Homes for Ukraine）计划。但是，乌克兰难民进入英国的前提是必须有英国人为其提供担保，从而导致乌克兰难民很难获得英国签证。这一点备受诟病。

---

① "The UK government's response to the Russian invasion of Ukraine", UK Government, https://www.gov.uk/government/topical-events/russian-invasion-of-ukraine-uk-government-response/about.

4. 积极开展各种双边与多边外交活动

在俄乌冲突爆发后，英国频繁开展各种双边和多边外交活动，积极寻找各种能够发出自己的声音、彰显世界"大国"地位的舞台。

首先，英国与美国和欧盟等西方"伙伴"密切协调行动。在俄乌冲突爆发后，英国与美国在援助乌克兰和制裁俄罗斯等相关事项上始终保持高度步调一致，英国防务大臣华莱士还曾于2022年5月专门访问美国，与美国国防部部长奥斯汀就俄乌冲突问题进行会谈。与此同时，英国也与欧盟多次就俄乌冲突相关问题进行磋商。2022年3月，英国外交大臣特拉斯参加了欧盟成员国特别外长会议，这种情况在英国脱欧后实属罕见。

其次，英国政府不遗余力地利用各种双边和多边场合，特别是北约和七国集团等平台敦促其他西方国家向乌克兰提供军事援助，并对俄罗斯采取更严厉的制裁措施，力求发挥"领导"作用。仅在2022年3月初，英国首相约翰逊就会见了加拿大、荷兰、捷克、匈牙利、波兰和斯洛伐克等国的领导人，除就制裁俄罗斯、援助乌克兰等事项进行协商外，还就接收乌克兰难民问题进行了商讨。2022年3月，英国外交大臣特拉斯访问立陶宛，与立陶宛、爱沙尼亚和拉脱维亚外交部长会晤，除就俄乌冲突事宜进行商讨以外，还特别强调英国对波罗的海地区安全的关注。[1] 2022年5月13日，特拉斯在参加北约和七国集团外长会议时，呼吁"伙伴国"团结起来赢得俄乌冲突，呼吁国际联盟"进一步，且更快速"地支持乌克兰的行动，呼吁其他西方国家向乌克兰提供财政和技术援助，并帮助乌克兰在停火后进行重建。她还呼吁其他国家遏制

---

[1] "Press conference with Baltic Foreign Ministers, 3 March 2022: Foreign Secretary's opening statement", UK Government, https://www.gov.uk/government/speeches/foreign-secretarys-opening-statement-at-a-press-conference-with-baltic-foreign-ministers-3-march-2022.

普京的任何"进一步侵略",特别是对俄罗斯采取更多制裁措施,直到俄罗斯完全撤出乌克兰,并达成和平协议。[1]

最后,英国积极支持瑞典和芬兰加入北约。英国不仅在第一时间宣布支持瑞典和芬兰加入北约,而且迅速采取了实质性行动。2022年5月11日,英国首相约翰逊访问瑞典和芬兰,并与这两个国家签署了"政治团结声明"。根据该声明,双方承诺,如果其中一方受到了攻击或者处于"危难"之中,那么,应其要求,另一方将无条件向其提供各项援助。换言之,即使是在瑞典和芬兰两国正式加入北约之前,如果它们遭到攻击,英国也将为其提供军事支持。约翰逊声称,该声明将成为双方"加深安全和防务关系的基础",它"并非权宜之计,而是我们之间的持久承诺"[2]。不过,在英国经济疲软的情况下,是否确实能够向瑞典和芬兰提供安全保证尚难预料。

(二)俄乌冲突对英国内政的影响

战争面前,没有任何一个国家能够独善其身。俄乌冲突对英国的经济、社会和政治等各个领域都造成了不同程度的影响。

1. 经济增长陷于停滞

英国自2020年1月正式退出欧盟之后,经济形势持续低迷,再加上新冠肺炎疫情的叠加效应,2020年全年经济萎缩幅度高

---

[1] "Foreign Secretary rallies allies to 'constrain Putin's aggression' during NATO and G7 Foreign Ministers' Meetings in Germany", UK Government, https://www.gov.uk/government/news/foreign-secretary-rallies-allies-to-constrain-putins-aggression-during-nato-and-g7-foreign-ministers-meetings-in-germany.

[2] "UK agrees mutual security deals with Finland and Sweden", BBC, May 11, 2022, https://www.bbc.com/news/uk-61408700.

达9.3%①，为300年以来最严重的衰退，其程度远远超过2008年和2009年国际金融危机期间。尽管2021年英国经济实现了7.4%的增长率，但这是在2020年经济大幅度下滑基础上实现的"增长"，截至2021年年底，英国的GDP总量仍略低于新冠肺炎疫情暴发之前。②2022年，英国经济仍增长乏力，第一季度同比仅增长0.8%③，且2022年3月、4月均为负增长。④经济合作与发展组织（OECD）6月初将英国2022年的经济增长预期从之前的4.7%下调至3.6%，且预测2023年为零增长，届时英国将成为七国集团中经济增长速度最慢的国家。⑤英国央行甚至预测，2022年第四季度英国经济将出现萎缩，而2023年全年英国GDP将萎缩0.25%。⑥尽管导致英国经济形势低迷的原

---

① "GDP quarterly national accounts, UK: October to December 2021", May 12, 2022, Office for National Statistics, https://www.ons.gov.uk/economy/grossdomesticproductgdp/bulletins/quarterlynationalaccounts/octobertodecember2021.

② "GDP quarterly national accounts, UK: October to December 2021", May 12, 2022, Office of National Statistics, https://www.ons.gov.uk/economy/grossdomesticproductgdp/bulletins/quarterlynationalaccounts/octobertodecember2021.

③ "GDP first quarterly estimate, UK: January to March 2022", May 12, 2022, Office of National Statistics, https://www.ons.gov.uk/economy/grossdomesticproductgdp/bulletins/gdpfirstquarterlyestimateuk/latest.

④ "GDP monthly estimate, UK: April 2022", June 13, 2022, Office of National Statistics, https://www.ons.gov.uk/economy/grossdomesticproductgdp/bulletins/gdp monthlyestimateuk/april2022.

⑤ "UK to be major economy worst hit by Ukraine war, says OECD", June 8, 2022, The Guardian, https://www.theguardian.com/business/2022/jun/08/uk-to-be-major-economy-worst-hit-by-ukraine-war-says-oecd.

⑥ "BOE sees risk of UK recession with inflation above 10%", Bloomberg, May 5, 2022, https://www.bloomberg.com/news/articles/2022-05-05/boe-hikes-rates-to-1-as-it-warns-of-growing-recession-risk.

因有多种，但俄乌冲突无疑是其中最重要的原因之一，尤其是西方国家对俄罗斯的制裁导致的能源危机。英国财政大臣苏纳克预测，如果欧盟全面禁止从俄罗斯进口石油，将使英国经济损失700亿英镑，英国人均可支配收入减少2%。①

尽管约翰逊政府承诺采取措施推动经济增长，但能够使用的手段有限，尤其是增税计划无异于"饮鸩止渴"，不利于鼓励商业投资，英国的经济活动将进一步放缓。这也将保守党长期秉持的"低增长、高税收"经济战略中的缺陷暴露无遗。

2. 通货膨胀压力骤增，生活成本上涨

英国经济当前面临的最严峻的问题是由供应链危机和能源危机造成的通货膨胀压力增大。早在俄乌冲突爆发之前，英国的物价就已出现大幅上涨。俄乌冲突造成的能源成本和粮食价格持续上涨进一步加剧了英国面临的通胀压力。此外，英国还有几种原材料也主要来自于俄罗斯和乌克兰。在多重因素的推波助澜之下，继2022年3月消费者价格指数（CPI）达到7%之后，2022年4月和5月的CPI分别进一步飙升至9%和9.1%，是1982年以来的最大增幅②，而过去20年间，英国的CPI一直保持在2%左右。英国央行甚至预测2022年年底通胀率有可能突破10%。③ 为抑制通胀，自2021年12月起，截至2022年6月中旬，英格兰银行已连续加息5次，基准利率已上

---

① "Sunak warns UK faces £70bn hit from EU ban on Russia oil and gas", March 17, 2022, Financial Times, https://www.ft.com/content/70fc440a-4fb4-4d8f-93ab-888f68285131.

② "Consumer Price inflation, UK: May 2022", Office for National Statistics, June 22, 2022, https://www.ons.gov.uk/economy/inflationandpriceindices/bulletins/consumerpriceinflation/may2022.

③ "Monetary Policy Report-May 2022", Bank of England, https://www.bankofengland.co.uk/monetary-policy-report/2022/may-2022.

调到1.25%，但这些措施仍很难阻止通胀率继续飙升。"低经济增长，高通胀率"或许将成为今后1—2年内英国经济的主要特征。

3. 贫富差距进一步拉大，社会不平等问题更加突出

经济形势的低迷、生活成本的上升，最终需要普通民众"埋单"。在英国，能源价格自2021年年中以来就已经出现大幅上涨，俄乌冲突进一步推升了能源价格，石油、天然气以及电力的价格再次飙升。2022年4月，英国天然气与电力的价格均达到1988年以来的环比最大增幅，同比增幅则为1970年有记录以来最高。① 而随着英国央行试图通过连续加息来抑制通胀，一些英国家庭将面临额外的财务压力。有经济学家指出，英国民众的生活水平甚至有可能出现20世纪70年代以来最大限度的倒退。②

英国一家慈善机构警告称，由于能源价格上涨，英国民众支付取暖费用的能力将面临前所未有的压力。③ 相较而言，贫困人口将面临更严峻的生活压力。有分析指出，最贫困的10%的家庭承受的通胀压力要比最富裕的10%的家庭承受的压力高出三个百分点。另有民调显示，约有530万名英国人冬季将被迫

---

① "Domestic energy prices", House of Commons Library, May 27, 2022, Paul Bolton & Iona Stewart, https：//researchbriefings.files.parliament.uk/documents/CBP-9491/CBP-9491.pdf.

② "UK faces worst drop in living standards since 1970s, economists warn", March 8, 2022, The Independent, https：//www.independent.co.uk/news/business/news/uk-living-standards-ukraine-resolution-foundation-b2030446.html.

③ "Britain's cost-of-living crisis got worse before it even began", Bloomberg, https：//www.bloomberg.com/news/articles/2022-03-13/u-k-cost-of-living-crisis-gets-worse-as-ukraine-war-fuels-inflation-rate-rises.

在取暖和购买食物之间做出选择。① 英国本就是世界上贫富差距最大的国家之一，能源和食品价格大幅攀升导致的生活成本上升必然将使贫困家庭，特别是最贫困的家庭陷入更深刻的危机，从而进一步拉大贫富差距。由于贫困家庭总体生活水平下降，贫困儿童的境遇将更加糟糕。英国智库Resolution Foundation警告称，在政府不提供帮助的情况下，到2026—2027年，生活在绝对贫困中的儿童比例将远远超过2020—2021年，而且该智库称，这是现代英国历史上前所未见的情况。②

与此同时，相当一部分中产阶级的生活水平也可能受到不同程度的影响，有些过去不需要为生活成本上升担忧的家庭也有可能面临财政困难。特别是，尽管由于纳税门槛提高，低收入人群的税收负担有望减轻，但年收入超过15000英镑的英国人将面临更高的税收负担，再加上社会保险费用提高，导致中等收入家庭也有可能成为遭受冲击最为严重的群体之一。

生活成本飙升导致的一个后果是社会形势不稳。2022年6月18日，为抗议生活成本上涨，伦敦爆发大规模游行示威。另外，由于物价飞涨，通胀高企，英国铁路员工于2022年6月21日、23日和25日连续举行了三次罢工，以争取加薪。这也是33年以来英国铁路系统规模最大的罢工，而且有可能引发其他行业的连锁罢工。

4. 民众对保守党和约翰逊本人的支持率下降

英国经济、社会领域出现的问题必然会折射到政治领域，

---

① "Brits will have to choose between heating and eating due to cost of living crisis", May 18, 2022, The Mirror, https://www.mirror.co.uk/news/politics/brits-choose-between-heating-eating-27003640.

② "The Living Standards Outlook 2022", Resolution Foundation, Adam Corlett & Lalitha Try, https://www.resolutionfoundation.org/app/uploads/2022/03/Living-Standards-Outlook-2022.pdf.

保守党政府及约翰逊本人当前正面临着严峻的挑战。

在多种因素的叠加影响下，特别是面临着俄乌冲突引起的不断飞涨的物价，英国普通民众对制裁俄罗斯的支持意愿开始降低。与此相应，英国民众对保守党及约翰逊本人的支持率也在显著降低。根据舆观（YouGov）的民调结果，自2021年12月以来，工党的支持率连续反超保守党，其中两党差距最大的一次甚至达到了9个百分点。① 有三分之二左右的英国民众对保守党政府不满，而约翰逊本人的受欢迎程度在"聚会门"丑闻曝光后下跌了11个百分点，降至其当选首相后的最低点，只有24%的人认为其作为首相表现良好。② 这直接导致保守党在2022年5月的地方选举中遭受重创，成为议席数量损失最多的政党。这一结果与2021年地方议会选举中保守党的"高歌猛进"形成了鲜明的反差。尽管地方议会选举主要关注的是地方事务，而且导致保守党支持率下降的主要原因之一是约翰逊的"聚会门"丑闻，但俄乌冲突导致的生活成本上涨无疑也是其中的重要因素。此次地方选举在很大程度上反映了选民对不同政党的满意程度，可以说是对保守党和约翰逊的一次"示警"。

如果不出现提前大选的情况，英国的下一次议会选举应于2024年年底举行，如果保守党在剩下的两年多时间内无法解决经济不景气、生活成本上升、贫富差距拉大等问题，那么它也许很难赢得连任。尽管工党在俄乌冲突中的立场与保守党一致，但它完全可以利用反对党的优势，抓住当前英国的经济社会问题做文章，从而争取摇摆选民，特别是中产阶级选民。

---

① "Voting intention：Con33%，Lab 39%（15 – 16 June）"，June 17, 2022，YouGov，https：//yougov.co.uk/topics/politics/articles-reports/2022/06/17/voting-intention-con-33-lab-39-15-16-june.

② "How well is Boris Johnson doing as Prime Minister?"，June 2, 2022，YouGov，https：//yougov.co.uk/topics/politics/trackers/boris-johnson-approval-rating.

（三）俄乌冲突对英国外交与国际地位的影响

英国在退出欧盟后推出了以"全球英国"为根本定位的总体外交战略，它将自己描述为一个"具有全球视野的问题解决者和责任承担者"①。俄乌冲突似乎"恰逢其会"，为英国提供了一个在脱欧后实现"大国梦"、重塑"全球大国"地位的绝佳契机。因此，英国在俄乌冲突爆发后表现得十分活跃，积极寻找各种机会发出自己的声音，以彰显其全球大国地位。与此同时，英国还希望通过进一步压制俄罗斯，实现和维护"大陆均衡"，这也是它几百年来一以贯之的欧洲政策。但是，相较于理想和愿景，现实总是显得"骨感"得多。俄乌冲突对英国国际地位的影响是一把"双刃剑"，而且总体上看可能弊大于利。

1. 短期内英国的可见度提高，但长期影响有待观察

从短期来看，英国政府通过积极开展各种双边与多边外交活动，其能见度确实得到了提高，它在乌克兰等国家的受欢迎程度也达到了前所未有的水平。2022 年 3 月的一次民调显示，英国被乌克兰人视为"最伟大的盟友"之一。② 除与乌克兰的

---

① "Global Britain in a competitive age: The Integrated Review of Security, Defence, Development and Foreign Policy", UK Government, https://assets.publishing.service.gov.uk/government/uploads/system/uploads/attachment_data/file/975077/Global_Britain_in_a_Competitive_Age-_the_Integrated_Review_of_Security__Defence__Development_and_Foreign_Policy.pdf.

② "War in Europe gives the UK new momentum for a role on the world stage", April 14, 2022, France 24, https://www.france24.com/en/europe/20220413-war-in-europe-gives-the-uk-new-momentum-for-a-role-on-the-world-stage.

关系以外，英国与波兰、波罗的海国家、巴尔干国家以及瑞典和芬兰等国家的关系也得到了进一步提升或巩固，在这些地区的能见度获得显著提高，但长期影响仍有待观察。

同时，俄乌冲突也再次坚定了英国与北约和美国站在一起的"信念"，英美"特殊关系"又一次得到验证。对于英国而言，它在俄乌冲突中与美国的政策保持高度步调一致，虽然确实是出于双方共同的战略利益考虑，但也不乏借助美国的力量提高自身影响、维护自身大国地位的意图。原因在于，一方面英国自身实力的下降是不争的事实；另一方面，英国脱欧后失去了欧盟这一世界上规模最大的贸易集团作为依托，其外交影响力受到削弱，在这种情况下，与美国"捆绑"在一起对英国而言更加有必要。然而，这一政策在短期内或许可以奏效，但从长期来看，其一味地追随美国的政策有可能得不偿失，甚至起到相反的效果。特别是，它未来有可能越发无法摆脱在战略上对美国的依赖，甚至再也无法摘掉美国"小伙伴"的标签。这与其在脱欧后对自身"全球大国"的定位自相矛盾，甚至背道而驰。

2. 在欧洲的地位进一步边缘化，但与欧盟的关系得到一定程度修复

俄乌冲突对于英国与欧洲的关系而言是把"双刃剑"。英国退出欧盟之前，它与德国和法国共同在欧盟发挥着核心决策作用。但在退出欧盟后，它也就随之失去了在欧盟内部的话语权，在欧洲的影响力大大下降，再也无法像在2003年伊拉克战争和2011年叙利亚战争中一样发挥核心作用和领导作用。在俄乌冲突中，显而易见，代表欧洲的是法国和德国，甚至包括意大利，唯独没有英国。普京在俄乌冲突期间曾几次与法国总统马克龙、德国总理朔尔茨通电话，但并未与约翰逊进行过直接沟通，就是最好的例证。由此可见，英国当前在欧洲越发没有"存在感"，它更加不可能取代德国和法国在欧洲的领导作用，这也间接表明了英国的地位正在被边缘化。① 与此同时，由于俄乌冲突改变了欧洲的安全格局，欧洲国家纷纷开始增加军费，其中以德国最为突出。在这种情况下，英国作为欧洲最大军费支出国的地位也受到了动摇，其军事影响力也有可能随之下降。② 换言之，乌克兰危机在一定程度上表明，英国脱欧后在欧洲的影响力进一步减弱，它的实际能力并不足以支撑其成为全球大国的"野心"。

当然，对英国而言，俄乌冲突也确实为其提供了一个修复与欧盟关系的良好机会。在英国退出欧盟之后，由于捕鱼权等一系列问题导致英国和欧盟互不信任，龃龉不断，双方关系曾一度陷入低谷。但在俄乌冲突爆发后，英国与欧盟的关系得到一定程度的缓和，双方在制裁俄罗斯、援助乌克兰等问题上多次进行磋商和协调。2022年3月初，在俄乌冲突爆发后不久，英国外交大臣特拉斯赴布鲁塞尔参加欧盟27国外长特别会议，讨论相关事项。欧盟驻英国大使阿尔梅达（João Vale de Almeida）就此评论道："我认为在我任期的过去两年间，我从未见过双方关系像过去两周内那样密切。"他还指出，特拉斯参加欧盟外长会议之举"具有非常重要的象征意义"③。除与欧盟加强合作之外，英国与德国的关系也得到了加强。2022年4月8日，德国总理朔尔茨访问英国，除讨论俄乌冲突问题以外，双方还承诺在各个层面加深合作，包括防务与安全、创新与科学、

---

① "Ukraine crisis underline Brexit Britain's marginalisation", February 23, 2022, Christopher Philips, https：//www.middleeasteye.net/opinion/ukraine-crisis-uk-brexit-marginalisation-underlines.

② Andrew Dorman, Tracey German & Matthew Uttley, "Impact of Russia's invasion on UK Integrated Review", March 24, 2022, https：//www.chathamhouse.org/2022/03/impact-russias-invasion-uk-integrated-review.

③ New York Times, "How a War Helped Ease a Rift between Britain and the EU", https：//www.nytimes.com/2022/03/04/world/europe/ukraine-britain-eu.html.

以及气候变化和绿色能源等领域。有分析认为,由于俄乌冲突极大程度上改变了欧洲安全格局,再加上德国也在很大程度上改变了防务与安全政策,英国未来很有可能与欧洲建立安全联盟,并将关注重点重新转移回欧洲。①

但是,英国与欧盟成员国之间的某些分歧仍无法解决,并不会由于双方在俄乌冲突问题上的合作而"消失",特别是双方围绕北爱尔兰议定书产生的一系列矛盾和摩擦。即使是在俄乌冲突的处理上,英国与一些欧盟成员国,特别是法国之间也存在着相当大的分歧,尤其是由于它们在国家利益、国家战略目标等方面存在着实质性差异。因此,随着俄乌冲突的进展,双方矛盾甚至有可能放大。

3. 俄乌冲突加剧英国对华负面认知,不利于中英关系深入发展

中英两国关系一向发展顺利。2004 年,双方关系升级为"全面战略伙伴关系";2015 年习近平主席访问英国,开启了中英关系的"黄金时代";2015—2016 年,中英关系的发展达到顶峰。但这之后不久,尤其是受到英国脱欧的影响,中英关系接连受挫。2020 年年初新冠肺炎疫情暴发后,英国对华政策愈加负面和强硬。特别是,英国在 2021 年 3 月发布的《安全、防务、发展和外交政策综合评估》报告中,首次明确将中国定位为"系统性竞争者"、对英国及其盟友的"挑战",以及对英国经济安全"最大的国家型威胁",对抗性十分明显。此后中英关系中的负面因素不断增多。2022 年 2 月,俄乌冲突爆发,由于中英两国在俄乌冲突中的立场以及对俄乌冲突的认知存在很大

---

① "War in Europe gives the UK new momentum for a role on the world stage", April 14, 2022, France 24, https://www.france24.com/en/europe/20220413-war-in-europe-gives-the-uk-new-momentum-for-a-role-on-the-world-stage.

分歧，中英关系面临着更加艰难的局面，短期内恐怕很难重新回到"黄金时代"。

在俄乌冲突中，英国完全站在美国一方，无视中国长期以来秉持的客观、中立、拒绝"选边站"的外交原则，多次批评中国的立场。与此同时，包括英国首相约翰逊、外交大臣特拉斯、防务大臣华莱士在内的多名英国高级官员均不断向中国施加各种压力，要求中国与西方保持一致。

英国政府的不当言论，无疑对中国的国际形象产生了负面影响，特别是加剧了自新冠肺炎疫情暴发以来英国民众对中国的负面认知。与此同时，中英之间由于在俄乌冲突问题上存在巨大的立场和认知差异，导致双方比俄乌冲突爆发之前可能更加缺乏政治互信，致使修复中英关系更加困难，这对本已面临重重考验的中英关系无异于雪上加霜。

当然，我们还是应该看到，虽然近年来包括俄乌冲突在内的多重因素加剧了中英关系中的困难因素，但双方之间仍存在合作空间，沟通渠道也依旧畅通。2022 年是中英建立大使级外交关系 50 周年。正如习近平主席与约翰逊首相在 2022 年 3 月 25 日通电话时所说，中英关系虽有坎坷，但总体不断发展。中英双方应该着眼战略和长远，坚持相互尊重，本着开放包容心态，加强对话交流，扩大互利合作。而在俄乌冲突问题上，国际社会应该真正劝和促谈，为政治解决乌克兰问题创造条件，推动乌克兰早日回归和平。[①] 这才是真正有利于中英关系长久发展之道。

[①] 《习近平同英国首相约翰逊通电话》，中华人民共和国外交部，2022 年 3 月 25 日，https：//www.mfa.gov.cn/zyxw/202203/t20220325_10655711.shtml。

八 俄乌冲突下意大利的
应对及影响[*]

自2022年2月24日俄乌冲突全面爆发以来，欧盟与俄罗斯关系急剧恶化。截至2022年6月底，欧盟追随美国在经济、金融、能源等领域对俄罗斯实施了六轮前所未有的严厉制裁。目前欧盟正在起草第七轮对俄制裁方案，计划将制裁范围扩展到天然气禁运。由于俄罗斯与乌克兰在地理位置上与欧盟邻近，两国与欧盟经贸关系都非常密切，特别是欧盟在能源与粮食进口方面对俄罗斯与乌克兰依赖度较高，因此冲突给欧盟的安全与经济发展带来了巨大的压力和挑战。

就欧盟内部而言，虽然德国、法国、意大利等主要大国的立场相似，均强烈谴责并主张制裁俄罗斯，但是各国的具体表现又有所不同。与德国、法国在冲突爆发前后积极寻求外交解决方案不同，意大利始终坚定追随美国，对俄罗斯态度颇为强硬，几乎未做任何外交努力。作为长期以来与俄罗斯关系相对友好的国家，同时也是欧盟第三大成员国，意大利对待俄乌冲突的立场及其可能产生的影响值得关注。此外，俄乌冲突爆发后，欧盟将其视为当前首要的威胁与挑战，并在一定程度上以他国对待该冲突所持立场为标准来重新评估欧盟与其关系，这

---

[*] 孙彦红，中国社会科学院欧洲研究所研究员，欧洲经济研究室主任。

也使得中欧关系发展面临新挑战。在此背景下，中意关系发展的新趋势也值得关注。本章将梳理剖析俄乌冲突对意大利造成的多重冲击、意大利政府的应对举措以及俄乌冲突背景下中意关系的新发展，以期为我们更好地把握当前及未来一段时期中欧关系的走向提供一个重要视角。

（一）俄乌冲突对意大利造成多重冲击

俄乌冲突爆发前，意大利正由新冠肺炎疫情造成的冲击中稳步恢复。2021年2月，由欧洲中央银行前行长德拉吉任总理的"技术—大联合政府"上台执政。在经济社会方面，德拉吉政府可谓"励精图治"，在防控疫情的同时着力推进生产性投资和结构性改革，意在解决国家体系的一系列深层次问题。虽然疫情下的全面复苏仍步履艰难，但是意大利整体上朝着促进经济社会全面可持续发展的方向迈进：新冠肺炎疫苗接种快速推进，防疫措施取得相对突出的成效，国家复苏与韧性计划如期落地实施，经济实现较强劲复苏，社会形势整体趋于改善。从政治上看，德拉吉政府得到除意大利兄弟党之外所有主要政党的支持，获得了接近八成的议会多数席位，其采取的技术官僚与政客"混搭"的组阁方式[①]既呼应了该国紧迫的政策需求，也有助于团结各派政治力量。考虑到德拉吉本人在意大利政坛的威望和号召力，以及该国各主要党派均处于内部深度调整期，尚未为大选做好准备，本届政府被外界普遍认为具有较好的稳定性，有望执政至2023年春季全国大选。鉴于意大利政府在抗疫、经济复苏、维护社会稳定等方面取得的显著成绩，英国

[①] 德拉吉政府共23位部长，其中8人为技术官僚，其余15人来自民主党、五星运动、意大利力量党和联盟党等左右翼主要党派。

《经济学人》杂志将其评选为2021年"年度国家"。①

然而,俄乌冲突不仅打乱了意大利经济社会自新冠肺炎疫情中复苏的既定节奏,还对该国的政党格局造成一定冲击,动摇了德拉吉政府的稳定性,进而增加了该国经济政治前景的不确定性。

在经济上,自苏联解体后,意大利一直是欧盟成员国中与俄罗斯经济联系最为密切的国家之一。意大利与俄罗斯在经济结构上互补性强。俄乌冲突爆发前,俄罗斯是意大利进口能源的主要来源地,意大利则主要向俄罗斯出口机械、药品、家具、纺织品以及加工食品等制造业产品。2020年,意大利的天然气有90%需从国外进口,其中约一半来自俄罗斯,同时俄罗斯还是意大利第四大石油进口来源国。此外,意大利每年自俄进口的粮食占其全部粮食进口的比重接近20%,意大利还需自俄进口铜、铝等工业金属以及稀土等重要原料。② 截至2019年3月,有超过400家意大利企业在俄罗斯投资运营,另有多家银行和律师事务所在俄罗斯开展业务。③

俄乌冲突爆发后,受冲突导致相关经济活动停滞、供应链受阻以及欧盟制裁俄罗斯冲击意大利与俄罗斯经贸关系等影响,意大利经济受到多方面的严重冲击。

在对俄投资方面,在俄罗斯广泛开展业务的意大利最大的

---

① "Which Is *The Economist*'s Country of the Year for 2021?" *The Economist*, December 18, 2021.

② 此处意大利与俄罗斯进出口结构及数据来自意大利国家统计局(ISTAT)网站:www. istat. it。

③ Giovanna De Maio, "Italy and Russia, the Link Is Increasingly Close", *Reset Dialogues on Civilizations*, March 11, 2019, https://www. resetdoc. org/story/italy-russia-link-increasingly-close/#:~:text = The% 20 economic% 20synergy% 20between% 20Italy% 20and% 20Russia% 20is, consolidated% 20their% 20expanded% 20business% 20ties% 20from% 20the% 20.

两家商业银行——裕信银行（Unicredit）与联合圣保罗银行（Intesa Sanpaolo）首当其冲将遭受一定损失。俄乌冲突爆发前，裕信银行在俄罗斯设有79家分支行，已发放但尚未到期的贷款约为75亿欧元，其中约30亿欧元为向俄罗斯本土企业发放的贷款；联合圣保罗银行在俄罗斯已发放但尚未到期的贷款约为51亿欧元，其中约25亿欧元贷款的债务人为俄罗斯本土企业。① 2022年7月初，裕信银行与联合圣保罗银行均发表声明将以资产互换等形式退出俄罗斯市场。据估计，裕信银行退出俄罗斯市场的直接经济损失约为20亿欧元，而无法继续在俄罗斯市场开展业务还将令其损失至少20亿欧元的长期潜在收益。② 此外，在俄罗斯投资运营的其他各类企业也将不同程度地遭受经济损失。

在国内能源与粮食价格方面，意大利所受的冲击更为严重。实际上，自2021年下半年至2022年2月俄乌冲突爆发前，国际能源价格已经因全球能源供需缺口不断扩大而持续上涨。在意大利，2021年12月和2022年1月，能源价格分别同比上涨了29.1%和38.6%。③ 随着俄乌冲突爆发并逐步升级，国际石油与天然气价格一路走高，直接导致能源高度依赖进口的意大利的国内能源价格也随之持续高涨。2022年3月初，意大利的柴油和汽油零售价格已攀升至每公升2欧元的历史高点，直至2022年6月底仍在每公升2欧元以上的高位。2022年5月和6

---

① Fabrizio Massaro, "Russia, la grande fuga delle banche: i rischi per Unicredit e Intesa Sanpaolo", *Corriere della Sera*, February 16, 2022, https://www.corriere.it/economia/finanza/22_marzo_16/russia-grande-fuga-banche-rischi-unicredit-intesa-sanpaolo-d07fb1c8-a542-11ec-8f73-d81a6d7583fb.shtml.

② Luca Gualtieri, "Unicredit, exit a tempo dalla Russia", *Milano Finanza*, July 6, 2022, https://www.milanofinanza.it/news/unicredit-exit-a-tempo-dalla-russia-2569116.

③ 本章有关意大利能源价格、粮食价格和通货膨胀率的数据均来自意大利国家统计局网站：www.istat.it。

月，意大利能源价格分别同比上涨了42.6%和48.7%。此外，由于俄罗斯和乌克兰是全球小麦、大麦和葵花籽油的主要出口国，冲突导致乌克兰粮食出口通道受阻、春耕播种延误，而俄罗斯粮食出口也因制裁受影响，因此国际粮食价格呈持续攀升趋势。意大利是粮食净进口国，① 粮食价格自然也随国际价格一路走高。2022年6月，意大利加工食品和非加工食品的价格分别同比大幅上涨了8.2%和9.6%。在能源和粮食价格飙升的推动下，其他工业品和服务价格也随之攀升，意大利的通货膨胀率由2022年1月的4.8%一路升至2022年6月的8%，达到1986年以来的最高水平。值得注意的是，受炎热和干旱天气影响，意大利2022年农产品产量可能会减少三分之一，而这一因素尚未反映在2022年6月的通胀率统计中。通胀率持续走高一方面使得民众生活成本大增，社会稳定面临新的威胁；另一方面也导致经济复苏动力不足。意大利国家统计局2022年6月发布预测认为，2022年该国经济将增长2.8%，较之2021年12月的预测（4.7%）大幅下调了1.9个百分点。②

在公共财政方面，新冠肺炎疫情与俄乌冲突叠加，同时受到欧洲央行货币政策转向的影响，意大利的公债问题再次凸显，成为金融市场担忧的焦点。2020年，在新冠肺炎疫情冲击下，意大利的公共财政赤字与GDP之比突破了2012年之后保持多年的3%的红线，飙升至9.6%，公共债务与GDP之比急速升至155.6%，比2019年年底大幅提升了21个百分点。2021年，由于经济增长强劲，意大利的公共债务与GDP之比小幅回落至154.2%。③ 鉴于通胀高企以及美联储激进加息等因素，欧洲央行正在开启货币正常化进程。2022年6月9日，欧洲央行会议

---

① 2021年，意大利国内小麦总消费量的64%来自进口。
② ISTAT, *Italy's Economc Outlook-Years 2022 – 2023*, June 2022.
③ 本章有关意大利公共财政赤字与公共债务的数据均来自意大利央行网站：www.bancaditalia.it。

公布了两项重要决定：一是自 2022 年 7 月 1 日起终止资产购买计划的净资产购买；二是计划 2022 年 7 月加息 25 个基点，2022 年 9 月将视通胀形势进一步采取行动，这意味着欧元区自 2014 年以来的负利率时代即将终结。从金融市场投资者的角度来看，上述决定生效后，一方面欧洲央行不能继续为意大利高债务成员国"兜底"；另一方面基础利率提高会推高这些国家的国债收益率，加大其再融资压力。在此情况下，市场担忧情绪上升，私人投资机构开始抛售意大利等国国债，这些国家的国债收益率短期内快速走高。2022 年 6 月 14 日，意大利 10 年期国债收益率升至 2014 年 1 月以来最高水平，与德国 10 年期国债收益率利差扩大至 2.41%，为 2020 年 5 月以来最高水平。在此背景下，有关欧债危机是否会卷土重来的讨论成为热点。特别是，作为欧元区第三大经济体，同时也是欧元区公债绝对规模最大的成员国，意大利的公债问题在中短期内难以得到有效解决，在当前经济增长前景不乐观的情况下，该国无疑是欧洲主权债务市场中的脆弱一环，易成为市场炒作的目标。考虑到近年来欧元区的制度"防火墙"建设已较为完善，同时从债务期限、成本与结构等方面看，短期内意大利的偿债压力并不大，由意大利债务问题导致欧洲再次发生主权债务危机的风险不大。然而，意大利的高债务始终是该国自身和欧元区须着力解决的一大难题，未来很可能还会在个别时点令金融市场陷入动荡。

在政治上，继防疫措施与疫后复苏政策之后，俄乌冲突成为意大利国内政治关注与争论的新焦点，该国政党政治格局因此发生重要变化，使得德拉吉政府执政前景的不确定性大增。简言之，俄乌冲突对意大利政坛造成的最重要影响在于导致议会第一大党五星运动正式分裂。五星运动创立于 2009 年，起初自我定位为反对一切传统政党的反建制政党，后通过 2018 年大选成为议会第一大党，此后至今一直是主要执政党，其政策主张也逐步转向建制化。但是由于该党构成极其复杂、内部纷争此起彼伏，难以达成鲜明有力的政治纲领，同时因抛弃"反建制"标签而逐步流失了关注度，近几年其民意支持率一路下滑，由 2018 年 3 月的峰值 32.8% 跌至 2022 年 6 月的 10.2%。在 2021 年 2 月德拉吉政府组建时，五星运动是重要的支持力量。值得注意的是，俄乌冲突爆发后，虽然五星运动从一开始支持德拉吉政府对乌克兰开展军事援助，但是并不情愿，并且自 2022 年 5 月起公开表示反对。该党领袖、意大利前总理朱塞佩·孔特曾多次公开表示对德拉吉政府应对俄乌冲突做法的不满，认为意大利必须将其所有努力集中在寻求外交解决俄乌冲突上，而不是继续对乌援助武器。① 2022 年 6 月，五星运动部分议员甚至草拟了一份决议，试图阻止意政府继续对乌输送武器。该草案遭到外交部长、也是五星运动创建人之一路易吉·迪马约的强烈批评，他认为这会造成意大利与北约和欧盟立场的错位，会危及意大利的安全。由于在该议题上五星运动内部产生严重分歧，最终导致迪马约带领 51 名议员脱离五星运动，成立了一个新的党派"一起向未来"（Insieme per il futuro）。② 鉴于目前留在五星运动的议员大多不支持德拉吉政府对待俄乌冲突的立场，而该党领袖孔特与现任总理德拉吉之间的分歧已公开化，因此不能排除在 2022 年秋季该国制定 2023 年预算期间五星运动退出政府的可能性。若真如此，将导致政府运转困难甚至发生政府危机。

---

① "Ucraina, Conte rincara la dose: 'Basta inviare armi, bisogna insistere sulla diplomazi'", *Globalist*, May 21, 2022, https://www.globalist.it/politics/2022/05/21/ucraina-conte-rincara-la-dose-basta-inviare-armi-bisogna-insistere-sulla-diplomazia.

② "M5S, la bozza della discordia: 'Basta invio di nuove armi a Kiev'. Di Maio: 'La risoluzione mette a rischio sicurezza Italia'", *La Repubblica*, July 6, 2022, https://www.repubblica.it/politica/2022/06/18/news/m5s_bozza_risoluzione_armi_ucraina_di_maio_conte-354461391.

综上，俄乌冲突的确对意大利造成多重冲击，目前这些冲击的影响仍在发酵过程中。鉴于近期多种迹象显示俄乌冲突有长期化发展的趋势，这使得意大利经济社会政治等方面的前景更加不容乐观。

（二）意大利应对俄乌冲突的主要举措

俄乌冲突爆发以来，意大利政府的应对举措主要包括两个方面：一是对待该冲突的立场与做法，二是针对该冲突引发的国内经济社会后果出台相关政策。本小节就这两个方面做简要梳理剖析。

1. 对待俄乌冲突的立场、做法及原因

由于意大利在能源进口上高度依赖俄罗斯，加之20世纪90年代至欧债危机前西尔维奥·贝卢斯科尼主导意大利政坛时代两国领导人私交密切，因此意大利与俄罗斯长期保持着相对友好的关系，甚至被普遍认为是俄"在欧洲最重要的朋友"。实际上，自2014年欧盟因克里米亚问题启动对俄制裁并且不断延长制裁期限直至此次俄乌冲突爆发前，意大利历届政府在对俄制裁的态度上始终相对温和，甚至一直试图扮演俄罗斯与欧盟关系"斡旋者"的角色。[1] 2020年3月意大利暴发新冠肺炎疫情而欧盟无力援助之际，俄罗斯曾派出八支医疗队携带大量物资赴意大利协助抗疫。然而，在此次俄乌冲突中，意大利政府却完全不顾及"昔日情谊"，对俄立场空前强硬。

2022年2月24日，俄乌冲突爆发当日，意大利总理德拉吉

---

[1] Giovanna De Maio, "Italy and Russia, the Link Is Increasingly Close", *Reset Dialogues on Civilizations*, March 11, 2019, https://www.resetdoc.org/story/italy-russia-link-increasingly-close/.

即发表公开讲话，强烈谴责俄罗斯，并且要求其"无条件"从乌克兰撤军。① 2022年2月28日，意大利正式宣布加入向乌克兰运送武器的西方国家行列。对此，意大利国防部长圭里尼（Lorenzo Guerini）表示，意大利的行动旨在向世界表明，西方在乌克兰问题上高度团结一致，北约正在变得更强大，欧盟正在变得更有凝聚力。② 2022年3月1日，意大利总理德拉吉正式向议会两院汇报了政府在俄乌冲突中的立场。他将俄乌冲突定性为"俄罗斯对邻国有预谋的无端侵略"，并表示"意大利政府对此绝不容忍。一个民族为抵御军事攻击而自卫并向民主国家求助，我们不能只用鼓励和威慑来回应。这是意大利的立场，是欧盟的立场，也是我们所有盟友的立场"③。

梳理俄乌冲突爆发以来意大利政府的反应，可将其立场归结为以下五个方面：第一，紧密团结在欧美跨大西洋联盟框架内，坚决支持对俄制裁，向乌克兰提供财政、人道主义以及军事援助；第二，不赞同西方与俄罗斯之间存在文明冲突，虽然

---

① "Ukraine: Draghi condemns 'unjustifiable' Russian attack", *Ansa*, February 24, 2022, https://www.ansa.it/english/news/2022/02/24/ukraine-draghi-condemns-unjustifiable-russian-attack_3f9df810-5935-41ac-8ed6-8e4795e3be22.html.

② Tom Kington, "Italy joins growing list of weapon donors to help Ukraine's defense", *Defense News*, March 1, 2022, https://www.defensenews.com/global/europe/2022/02/28/italy-joins-growing-list-of-weapon-donors-to-help-ukraines-defense/#:~:text=ROME%20-%20Italy%20on%20Monday%20joined%20a%20long, a%20dozen%2C%20including%20the%20United%20States%20and%20Canada.

③ "Ucraina, le Comunicazioni di Draghi del 1 Marzo 2022 in Senato", *Vivi Centro*, March 2, 2022, https://vivicentro.it/cronaca/ucraina-le-comunicazioni-di-draghi-del-1-marzo-2022-in-senato-video/#:~:text=Il%20Presidente%20del%20Consiglio%2C%20Mario%20Draghi%2C%20ha%20reso, il%20testo%3A%20Signor%20Presidente%2C%20Onorevoli%20Senatrici%20e%20Senatori%2C.

谴责普京，但并不针对俄民众；第三，虽然口头上表示要保持外交对话通畅，但是迄今几乎完全依赖经济制裁和军事援助促使俄回到谈判桌；第四，支持乌克兰加入欧盟；第五，支持加强欧盟安全与防务政策。2022年3月17日和3月31日，意大利议会众议院和参议院先后通过了政府提出的"乌克兰法案"。该法案主要包括五方面内容：第一，向北约军事演习增援；第二，向乌克兰援助武器；第三，增加国防军费开支；第四，接收乌克兰难民；第五，出台应对能源危机的相关举措。此外，该法案还授权德拉吉政府向乌克兰援助致命性军事武器。截至2022年6月30日，意大利共向乌克兰援助了三批武器。虽然五星运动领袖孔特、联盟党总书记萨尔维尼都曾表达通过外交手段推动通过对话谈判解决俄乌冲突的主张，但是这两党并未在议会中否决德拉吉政府为乌克兰提供军事援助的决定。此外，2022年6月16日，意大利总理德拉吉与法国总统马克龙、德国总理朔尔茨共同访问乌克兰首都基辅，并联合承诺支持乌克兰成为欧盟候选国。

意大利是西方强国中的弱国，富国中的资源穷国，同时又是个加工出口国，对外贸易是其经济命脉。因此，在对外政策上，该国一向以平和、稳定、友好为基调，以灵活、现实、务实为特点。从这个角度看，加之意俄两国长期友好以及相对密切的经济联系，意大利在此次俄乌冲突中对俄持极强硬立场确实有些"反常"，并不符合确保自身能源安全和对外贸易稳定等重大国家利益。

结合德拉吉担任总理前后意大利对外政策的调整，该国针对此次俄乌冲突的"反常"立场可归因为两个主要方面：首先，与现任法国和德国领导人相比，德拉吉更亲美。德拉吉虽然是无党派的技术官僚，但是他本人在价值观和意识形态方面受美国影响颇深。1976年德拉吉在美国麻省理工学院（MIT）获得经济学博士学位，是第一个在该校获得博士学位的意大利人。

毕业后他在美国高校和位于华盛顿的世界银行总部工作长达15年之久，之后在意大利财政部、意大利央行和欧洲央行任职期间，他与美国政商各界始终保持紧密联系。德拉吉政府上台以后，意大利在对外政策上的一个重要调整就是由在美、中、俄等大国间求平衡转为更多向美国靠拢。其次，德拉吉政府试图以一种"另类形象"对冲德国与法国在俄乌冲突中发挥的作用，以达到凸显意大利在欧盟内部的存在感和影响力的目的。德拉吉上台后在对外政策上的另一重要目标是提升意大利在欧盟的话语权，以填补英国脱欧及德国总理默克尔卸任后欧洲出现的权力"真空"。实际上，2021年，意大利的确凭借德拉吉本人与德国、法国领导人的私交改善了与这两国的关系，同时借助德拉吉在欧洲经济领域的影响力，在欧盟复苏基金使用规则的制定上发挥了积极推动作用。俄乌冲突爆发前后，在德国、法国试图基于欧洲利益开展相对独立的外交努力的情况下，意大利选择"剑走偏锋"，坚定追随美国，试图通过凸显自身在欧美关系中的话语权来提升在欧盟中的地位。上述意图在过去几个月德拉吉的多次公开表态中都有所体现。

鉴于意大利在欧盟内的经济政治地位，该国政府对待俄罗斯的强硬立场不可避免会对俄乌冲突的前景产生一定影响。作为长期与俄罗斯保持相对友好关系的欧盟大国，意大利原本可在俄乌冲突中扮演积极的调停者角色，而德拉吉政府的立场与态度实际上增加了欧盟通过外交途径劝和促谈的难度。

2. 针对国内经济社会所受冲击出台相关政策

前文述及，俄乌冲突对意大利能源与粮食价格的冲击最为严重，并且令其能源安全面临巨大风险。2022年5月底，欧盟针对俄罗斯的第六轮制裁决定立即减少自俄进口石油的70%，至2022年年底将自俄进口的石油削减90%，而俄罗斯也于2022年6月突然以技术检修为由宣布将由"北溪1号"管道供应给欧洲的天然气暂时减少60%。在此背景下，除了配合欧盟2022年3月发布的 RepowerEU 计划，宣布除加快推进节能与提高能效以及加快发展可再生能源之外，意大利政府过去数月主要忙于应对可能出现的短期能源缺口，同时也努力通过临时性补贴措施减轻民生压力。

首先，意大利赶在欧盟对俄罗斯第六轮制裁出台前大量进口俄石油，旨在提高国内石油储备以应对2022年下半年及之后出现的石油短缺。根据大宗商品研究机构 Kpler 公布的数据，2022年3月至5月，意大利已成为欧盟国家中进口俄罗斯石油最多的国家。2022年5月，意大利每天自俄进口石油约40万桶，是俄乌冲突爆发前水平的四倍。[1] 即便如此，2022年年底之后，意大利产能最大的多家炼油厂仍很可能将因石油供应短缺而陷入瘫痪，进而在当地引发就业危机，这也会使得意大利政府面临较大挑战。

其次，为尽快摆脱对俄罗斯能源进口的依赖，意大利加快寻求能源进口来源的多元化。自2022年3月起，意大利总理德拉吉和外交部长迪马约密集出访北非国家，主要目的在于加强与相关国家的能源联系。2022年4月11日，德拉吉出访阿尔及利亚，其间意大利能源巨头埃尼集团与阿尔及利亚国家油气公司签署协议，计划在2024年前加购后者的天然气（相当于意大利2021年天然气消费量的12%）。2022年4月13日，意大利埃尼集团与埃及天然气控股公司签署协议，旨在促进埃及对意大利和欧洲的天然气出口。2022年4月20日，由意大利外交部长迪马约、生态转型部部长辛格拉尼与意大利埃尼集团首席执行官德斯卡尔奇组成的代表团访问安哥拉，并且与该国签署了一

---

[1] Colleen Barry and Paolo Santalucia, "Italy imports more Russian oil despite impending embargo", abcNEWS, June 1, 2022, https：//abcnews.go.com/International/wireStory/italy-imports-russian-oil-impending-embargo-85103367.

份增加安哥拉对意大利能源出口的意向声明。2022年4月21日，该代表团又抵达刚果（布）首都布拉柴维尔，签署了与刚果（布）在能源领域加强合作的协议。据埃尼集团估算，基于这些新协议生效后增加的天然气供应将在2023年年底前取代自俄罗斯天然气进口量的一半，另一半的缺口尚无明确替代来源。

最后，意大利政府出台了两轮临时性补贴措施，以应对能源价格大幅上涨造成的民生压力。2022年3月下旬，意大利政府批准了一项金额高达44亿欧元的能源补贴计划。随着国内能源价格持续攀升，意大利政府又于2022年6月30日通过了新一轮关于高能源价格的纾困法令，计划投入约30亿欧元，以应对2022年第三季度电力和燃气价格上涨给民众生活造成的冲击。该法令的具体措施包括取消家庭和小规模用户的电力系统杂费、将2022年第三季度天然气费增值税降至5%等。为加快出台这一法令，意大利总理德拉吉提前一天结束北约峰会回国，并且公开表示，针对能源价格的纾困措施十分紧迫，如不及时采取措施，居民需要支付的电力、燃气账单最高可能会上涨45%。①

总之，意大利对待俄罗斯的强硬立场恐将使得未来意俄关系难有转圜余地，而意大利政府旨在确保能源安全和应对国内能源价格上涨的一系列努力究竟能取得多大成效尚待进一步观察。

（三）结语

近两年，受到中美关系紧张持续、中欧关系趋于复杂的影

---

① "Decreto taglia-bollette, dal governo 3 miliardi contro i rincari. Draghi: evitati aumenti fino al 45%", *Gazzetta del Sudonline*, June 30, 2022, https://gazzettadelsud.it/articoli/cronaca/2022/06/30/decreto-bollette-le-nuove- misure-contro-il-caro-energia-ecco-cosa-cambia-draghi-in-diretta-1513c29b-5f08-47fb-ae7c-90c4aed2f636/.

响，中意关系也出现了值得关注的新变化。俄乌冲突爆发以来，意大利政府在处理对华关系上整体较为谨慎。总体而言，务实合作仍为中意关系的主流，但是预计未来两国合作的推进会遇到更多困难。对此，中国应有战略定力，并积极主动应对。

九　俄乌冲突下西班牙的应对及影响[*]

2022年2月24日俄乌冲突爆发,至今已持续四个多月,其未来走向仍具高度的不确定性。这场冲突却进一步坚定了西班牙参与北约集体安全防务体系的立场,西班牙借助本届北约峰会东道国及庆祝加入北约40周年之双重契机,重塑其在欧盟安全与防务政策体系的话语权与影响力。旷日持久的俄乌冲突,出人意料,对西班牙内政外交等诸多方面产生了影响。跟踪分析西班牙政府的态度与立场,将有助于把握西班牙的外交与安全新动向,理性研判中国与西班牙关系未来发展的内在逻辑。

(一) 西班牙对俄乌冲突的态度与立场

冲突爆发当天,西班牙政府即发表官方声明。2022年2月24日中午12点,西班牙国王费利佩六世紧急召开国家安全委员会会议,迅速协调各方立场,随后西班牙首相佩德罗·桑切斯(Pedro Sánchez)在首相官邸正式发表声明。他明确表示反对俄罗斯对乌克兰的侵略,其中他提道:"一个核大国公然违反国际法,开始入侵邻国,并威胁对被侵略的国家提供援助的所有国家将施以报复……无论从哪个角度看,这都是对国际法、国家

---

[*] 张敏,中国社会科学院欧洲研究所研究员,西班牙研究中心主任。

主权和乌克兰领土完整的公然践踏。而且，这必将严重破坏欧洲长期赖以保持稳定与繁荣的基本原则和价值观，尤其是和平的价值观。"① 西班牙政府不仅公开谴责俄罗斯的"侵略"行径，同时强调将全力声援和支持乌克兰政府和人民。

面对这场发生在欧洲国家之间的突如其来的冲突，西班牙政府反应迅捷、态度鲜明、立场坚定，与欧盟和北约保持高度的协调性和一致性。

1. 对于这场潜在的地缘安全冲突，政府早有防范和警惕

这场局部冲突正式爆发之前，欧盟国家、北约成员国正紧锣密鼓地部署如何应对一场很有可能一触即发的战争。作为北约成员国，2021年11月以来西班牙内阁、议会多次召开会议，密切关注事态发展。2021年12月1日，西班牙内阁做出一项决议，决定向保加利亚派遣4架空军战斗机；紧接着在2021年12月21日，内阁又批准了另一项决议：向驻扎在保加利亚的一个北约空军基地增派一支西班牙空军分队。显而易见，在冲突之前，西班牙政府已经对这一局势的严峻性做出了缜密的判断，并有计划、有目标地参与北约紧急部署的防务和安全集结行动。2021年12月30日，西班牙国防大臣玛加丽塔·罗夫莱斯（Margarita Robles）开展年内最后一次出访，她亲赴拉脱维亚，祝贺西班牙军队参与波罗的海地区北约战斗群（NATO's Enhanced Forward Presence，EFP）②，为保障欧洲东翼地区的安

---

① La Moncloa, "Institutional Statement by Pedro Sánchez on the Ukraine-Russia crisis", President's News February 24, 2022, https://www.lamoncloa.gob.es/lang/en/presidente/news/Paginas/2022/20220224_institutional-statement.aspx.

② "Robles congratulates the Spanish contingent deployed in the Latvia mission", La Moncloa, December 30, 2021, https://www.lamoncloa.gob.es/lang/en/gobierno/news/Paginas/2021/20211230_trip-to-latvia.aspx.

全发挥了作用。

2. 支持欧洲增强"战略自主"权，积极推动欧盟安全和防务一体化建设

近年来欧盟主张增强"战略自主"，重点在于推动欧盟安全和防务的一体化建设，保障欧盟在集体安全防御上的协调性和团结性。2016年7月"欧盟外交与安全政策的全球战略"正式出台，明确提出了欧盟"战略自主"概念。"该战略文件共9次提到'自主'，其内涵主要是提高欧盟在外交政策和安全问题上确定优先事项和作出决定的能力，以及与第三方合作或在需要时单独执行这些事项所需的制度、政治和物质资源。显然，欧盟希望自主的范围是外交与安全政策，其中共同防务是其重点。"[①] 俄乌冲突客观上构成了增强欧盟"战略自主"的外部驱动力。兰德公司在一份报告中曾明确提出："欧洲'战略自主'将受制于美国、俄罗斯、中国、土耳其、英国等多个国家，欧盟加强'战略自主'，未来可以与美国、北约形成相互制衡之势。"[②] 俄乌冲突正在为欧盟加强"战略自主"提供实践依据。

西班牙是积极主张欧洲增强"战略自主"权的欧盟成员国之一。2020年3月24日，西班牙和荷兰两国发表联合公报，率先向欧盟提议放弃全体一致的表决原则。西荷两国政府认为加

[①] 田德文：《欧洲战略自主的困境与出路》，《当代世界》2021年第12期。

[②] 关于欧盟战略自主的未来走向，兰德公司提出了三种情景：（1）建立一个强大的北约欧洲分支柱；（2）美欧在北约防务上分歧加大，进一步削弱跨大西洋关系；（3）欧盟将建立一个独立的防务联盟体系，不再依赖北约。Lucia Retter et al. "European Strategic Autonomy in Defence: Transatlantic visions and implications for NATO, US and EU relations", https://www.rand.org/pubs/research_reports/RRA1319-1.html.

强欧盟捍卫公共利益的能力，提高"战略自主"，需要推行有效多数的决策机制。两国在联合公报中强调："欧盟必须成为一支全球性力量，具有自主决策和行动能力，可以保障欧盟的总体利益。继续保持经济开放，欧盟应在技术研发、疫苗生产和能源领域更加独立于美国和亚洲等全球性大国"[1]。支持欧盟增强"战略自主"性，是提升西班牙在欧盟的地位和影响力的外交途径之一。最近一段时间以来，西班牙与欧盟及其成员国、北约领导层之间的互动十分频繁，西班牙首相与欧盟安全与防务高级代表博雷利，与北约秘书长斯托尔滕贝格，与美国总统拜登、英国首相约翰逊等频频会面，通过各种场合表达西班牙对欧盟加强战略自主的支持。

西班牙政府在此问题上的积极态度，显然是受欧盟等施加的影响。欧盟外交政策与安全事务高级代表博雷利曾担任西班牙外交大臣，他在推动欧洲"战略自主"上发挥着不可或缺的作用。2020年3月12日欧盟对外行动署网站刊登博雷利的署名文章《为何欧洲战略自主如此重要》[2]，他对欧洲"战略自主"概念的历史、作用及影响做了全面阐述，认为应对新冠肺炎疫情过程中，欧盟"战略自主"权已经外延到了经济自主和技术自主等多个领域。2022年3月5日，欧洲委员会主席冯德莱恩到访马德里，与西班牙首相会晤时强调："今天的欧洲比以往任何时候都需要加强团结，增强欧洲'战略自主'，更加坚定地反

---

[1] Alexandra Brzozowski, "Netherlands, Spain lead the way for more EU strategic autonomy", EURACTIV, March 25, 2021, https://www.euractiv.com/section/global-europe/news/netherlands-spain-lead-the-way-for-more-eu-strategic-autonomy/.

[2] Josep Borrell, "Why European strategic autonomy matters", European Union, December 3, 2020, https://www.eeas.europa.eu/eeas/why-european-strategic-autonomy-matters_en.

对普京和声援乌克兰。"①

西班牙有学者认为，俄乌冲突成为欧洲加强"战略自主"的重大契机和外部推动力，西班牙政府重视欧盟'战略自主'和更加倚重北约，"从当前局势看，加强欧洲'战略自主'既不意味着保护主义，也不意味着孤立主义，更不应该将其理解为反对跨大西洋伙伴关系。增强欧洲'战略自主'性旨在提高欧盟对外行动能力，为继续与美国开展合作做好充分准备，捍卫与世界其他地区继续保持开放的多边主义合作制度"②。南欧六家知名智库学者联合提出：南欧国家是欧盟次区域合作的重要组成部分，在应对新冠肺炎疫情和推动社会经济发展等方面有着共同的利益诉求，南欧国家加强团结，加强区域协调，西班牙可以在欧洲"战略自主"和应对乌克兰危机中发挥欧洲其他国家所难以替代的作用。③

3. 倚重欧洲集体安全体系，防范来自北非和地中海地区的安全风险

西班牙地处欧洲南部，伊比利亚半岛东南隅，从地缘政治和安全的角度看，长期面临来自北非和地中海的地缘安全风险

---

① "In talks with von der Leyen, Sánchez stressed Spain's unwavering commitment to European unity in the face of Russia's invasion of Ukraine", La Moncloa, March 5, 2022, https：//www.lamoncloa.gob.es/lang/en/presidente/news/Paginas/2022/20220305_sanchez-vonderleyen.

② Félix Arteaga et al., "European Strategic autonomy and Spain's interests", Elcano, November 2, 2021, https：//www.realinstitutoelcano.org/en/analyses/european-strategic-autonomy-and-spains-interests/.

③ Pol Morillas et al., "What role should Southern Europe play after the pandemic and the war in Ukraine? Towards a shared agenda for EU reform?" Elcano, April 20, 2022, https：//media.realinstitutoelcano.org/wp-content/uploads/2022/04/what-role-should-southern-europe-play-after-the-pandemic-and-the-war-in-ukraine-towards-a-shared-agenda-for-eu-reform.pdf.

挑战。直布罗陀扼大西洋和地中海交通咽喉，几个世纪以来西班牙和英国在该岛的领土主权归属上争端不断。摩洛哥、阿尔及利亚和突尼斯这三个马格里布地区国家，多年来西班牙采取均势战略，维护该地区的安全与稳定，并致力于推动欧盟与地中海国家建立睦邻友好合作关系。由于受领土主权争议、资源分配不均、能源安全、难民移民等多种因素干扰，西班牙在该地区的均势战略不时被打破，有时甚至局势失衡。在双边关系层面，西班牙与摩洛哥、与阿尔及利亚之间均遭遇过困难时期，该地区的地缘安全局势错综复杂。从维护地缘秩序的角度，西班牙认为应加强欧洲"战略自主"性，进一步协调和提高北约成员国的共同安全与防务能力，这将有助于保护西班牙在南部地区的安全利益，进而为欧盟构筑起南欧地区的安全屏障，可以抵挡来自北非、地中海地区的安全风险挑战。

（二）西班牙安全与防务政策的调整及其新变化

俄乌冲突爆发成为西班牙调整对外安全和防务政策的重要分水岭。1982年西班牙加入北约以来，在很长时期内，西班牙在依靠北约集体防务还是坚持独立防务之间艰难抉择。经历了长期内战和专制统治，西班牙饱受战争之苦。在地区安全问题上，西班牙是坚定的反战派，不愿卷入战争和地区冲突。在国内民众强烈的反对声中，当初在加入北约问题上，西班牙的态度是犹犹豫豫的，立场上也经常左右摇摆。

然而，今非昔比。当前西班牙政府在加强欧洲安全和提升北约战略地位问题上，立场坚定、站位明确、态度积极，正以2022年北约峰会东道国的身份，加快提升其在北约和欧盟安全和防务一体化建设中的话语权。从这个意义上看，俄乌冲突增强了西班牙推行欧洲集体防务战略意识，积极参与北约集体安全防御行动，在协调欧盟、北约、美国三边关系中，不断凸显其作为南欧国家的地缘政治优势。当前西班牙调整安全与防务政策的一些新动向，值得关注。

1. 一改过去的被边缘化心态，政府承诺将大幅增加安全和防务开支

在很长时期内，西班牙有被北约边缘化的迹象：一方面，美国总统拜登多次召开北约主要成员国领导人会议，出席者包括美国、英国、法国和意大利等国家的领导人，西班牙则经常被排斥在外。另一方面，遭受了欧洲主权债务危机的严重冲击后，西班牙国内经济复苏进程缓慢，政府在安全防务等方面的开支控制在较低水平。据统计，在北约30个成员国中，西班牙军费开支占GDP的比重倒数第二，约为GDP的1.03%。2014年，时任美国总统特朗普对西班牙极为不满，几次与西班牙前首相拉霍伊通电话，主要话题都是催促西班牙将军费开支提高至GDP的2%。西班牙也应承过，但仅限于口头。实际上，这些年来西班牙的防务开支始终在低位徘徊。2021年国家财政预算将年度防务开支从1.02%增至1.03%，这与北约要求的2%目标仍相差较远。[①]

2021年北约曾宣布已有10个成员国的军费支出达到GDP的2%，但实际上只有8个国家达到了2%，其中包括希腊（3.59%），美国（3.57%），波兰（2.34%），英国（2.25%），克罗地亚（2.16%），爱沙尼亚（2.16%），拉脱维亚（2.16%）和立陶宛（2.16%）。西班牙100多亿欧元（1.03%）的国防预算开支中，60%用于人事管理，22.7%用于防务装备，16.4%用于防御行动，0.73%用于防务基础设施。按人口分摊计算，

[①] NATO, "Defence Expenditure of NATO Countries (2014 – 2021)", March 31, 2022, https://www.nato.int/nato_static_fl2014/assets/pdf/2022/3/pdf/220331-def-exp-2021-en.pdf.

西班牙每年的国防投入约为人均240欧元。① 俄乌冲突下，欧盟等北约成员国不断向乌克兰提供军备物资，造成北约防务支出大幅飙升。美国以北约盟主身份，不断催促西班牙尽快履行诺言，加大对安全防务领域的资金投入。

在此新形势下，2022年3月西班牙政府决定大幅增加防务开支，将该项支出提高至GDP的2%，即从2021年的100亿欧元提高至240亿欧元。西班牙首相桑切斯认为：俄罗斯入侵乌克兰，我们必须要大幅增加军费开支。"我们似乎从梦中惊醒，从来都以为战争不会在欧洲发生，但现在欧洲正经历着战争，这不是电影场景，而是真实发生的。"他重申"必须加强共同外交和安全政策以及北约和欧盟之间的互补性"②。在加强集体安全防御、战争情绪弥漫下，2022年西班牙国防军费预算开支增幅达7.92%，在本国公共开支有限的情况下，政府只得削减公共医疗支出，这一做法可谓是"拆东墙补西墙"。

西班牙政府批准的2022年国家总预算中③，实际军费支出为227.96亿欧元，给国防部的直接拨款额为101.55亿欧元，比2021年增加了124%，军事开支创下历史纪录，比2021年增加了5.75%。在军费开支增长部分，军备投入增加了16.2%，达到45.815亿欧元，占国家总投入的21.38%，相当于政府行政部门中每5欧元支出中，就有1欧元用于军备。

新增的军事开支主要用于特别军备项目（PEA-Programas

---

① NATO, "Defence Expenditure of NATO Countries (2014 – 2021)", March 31, 2022, https://www.nato.int/nato_static_fl2014/assets/pdf/2022/3/pdf/220331-def-exp-2021-en.pdf.

② Santiago Guillen, "Spain's PSOE-Podemos government announces record military budget", https://www.wsws.org/en/articles/2022/03/30/spai-m30.html.

③ Pere Ortega, Xavier Bohigas, Quique Sánchez, "Spain's Real Military Expenditure For 2022", http://centredelas.org/wp-content/uploads/2022/02/informe50_SpainsRealMilitaryExpenditure2022_ENG_DEF.pdf.

Speciales de Armanmento），迄今已批准此类项目 34 项，年度总经费额为 5164.4 万欧元。自 2018 年以来，西班牙政府已批准的项目款为 173.9 亿欧元，包括未来作战空中系统计划（FCAS）第二阶段的研发拨款额 25 亿欧元，预计最终投入将超过 500 亿欧元，包括空客、西班牙机载电子系统开发商（Tecnobit-Grupo Oesía）、英德拉公司（Indra）、塞纳集团（Sener）、英国罗尔斯·罗伊斯公司的西班牙子公司（ITP Aero）等共同参与项目研发。①

2. 倡导北约战略新概念，努力重塑其在北约的新形象

1982 年 5 月 30 日西班牙成为北约第 16 个成员国，2022 年 5 月 30 日西班牙正式加入北约 40 周年，又恰逢担任本届北约首脑峰会东道主，西班牙抓住这一重大契机，努力重塑其在北约的新形象。2022 年 5 月 30 日，西班牙在皇家大剧院举行加入北约 40 周年庆祝活动，向外界高调展示加入北约 40 年西班牙在北约中日益发挥重要的作用，"作为北约成员国赋予我们神圣的使命：保障我们的现在和引领我们的未来，北约不仅仅是军事组织，是一个捍卫基本原则、为人民带来繁荣和福祉的联盟"②。据统计，自 1992 年西班牙首次参加北约集体防御行动以来，迄今大约有 12.5 万名西班牙军人参加了北约组织在波黑、科索沃、利比亚、亚丁湾、非洲之角、阿富汗和地中海等地的总共 22 次集体军事行动，约有 119 名西班牙军人丧生，其中包

---

① Pere Ortega, Xavier Bohigas & Quique Sánchez, "Spain's real military expenditure for 2022", http://centredelas.org/wp-content/uploads/2022/02/informe50_SpainsRealMilitaryExpenditure2022_ENG_DEF.pdf.

② La Moncloa, "Sánchez stresses the importance of Spain's NATO membership in guaranteeing our way of life, stability and future", https://www.lamoncloa.gob.es/lang/en/presidente/news/Paginas/2022/20220530_nato-anniversary.aspx.

括两名口译员。①

2022年6月30日马德里峰会通过了北约战略新概念。桑切斯在开幕式上提出：北约新战略概念是北约应对未来世界局势动荡的防务行动"路线图"。北约战略新概念将俄罗斯视为最直接的威胁，把中国定位为地缘政治的"挑战对手"。这揭示了欧盟视中国为战略对手，威慑范围已经从欧盟扩至北约，未来中欧关系将面临更为复杂的局面。

3. 西班牙复杂的地缘安全均势受俄美等多方因素牵制

西班牙扼守欧洲南大门，隔海与非洲大陆相望，与非洲西北部的马格里布地区有着复杂的历史经纬。西撒哈拉地区是前西班牙殖民地，领土主权归属长期存有争议，也是导致马格里布国家之间关系时有裂隙的主要根源。西班牙放弃对西属撒哈拉地区的殖民统治后，摩洛哥曾与受阿尔及利亚支持的西撒哈拉人民解放阵线争夺西撒哈拉归属10余年，1991年在联合国斡旋下双方最终达成停火协议。目前西班牙仍拥有摩洛哥境内的两块飞地——休达、梅利利亚市的领土主权。因此，马格里布国家和地区之间的关系错综复杂，西班牙在该地区的任何外交新动向，都会引发多米诺骨牌效应。为实现该地区的战略均势，这些年来西班牙不得不走钢丝般地在各方之间穿梭外交。

新冠肺炎疫情暴发以来，西班牙与各方关系接连遭遇新问题。西班牙与摩洛哥之间最近一次的外交危机始于2021年4月。西班牙秘密安排了感染新冠病毒的"波利萨里奥阵线"（又称"西撒哈拉人民解放阵线"）领导人卜拉欣·加利（Brahim Ghali）前往西班牙接受治疗。加利被摩洛哥视为头号敌人，为

---

① "40 Aniversario España en la Otan 1982 – 2022", https：//www.lamoncloa. gob. es/presidente/actividades/Documents/2022/300522-40_anos_OTAN. pdf.

报复西班牙，2021年5月，摩洛哥放松边境管控，导致上万名非洲非法移民在一个月内经摩洛哥抵达休达。为此，马德里谴责摩洛哥的"敲诈"和"侵略"行径，摩洛哥则召回了驻西班牙大使，引发两国严重外交危机。

这些国家内部关系的变化，其实质是美俄长期博弈造成的地缘安全风险。2020年12月，美国白宫在一份声明中表示：美国支持摩洛哥关于解决西撒哈拉问题的提议，并"承认摩洛哥对西撒哈拉的主权"。在美国的肆意插手下，2022年3月，西班牙宣布支持摩洛哥关于西撒哈拉自治的计划，放弃长期游离于摩洛哥和"波利萨里奥阵线"之间的中立立场，这产生两大外交效应。

一是与摩洛哥的僵持关系迅速缓和，两国长达近一年的外交危机旋即结束。2022年4月7日，摩洛哥国王穆罕默德六世（Mohammed VI）在拉巴特接待了桑切斯，会谈结束后双方宣布双边关系进入新阶段。然而，这一举动如同"按下葫芦浮起瓢"。"波利萨里奥阵线"于2022年4月10日宣布与西班牙政府中断接触，抗议西班牙政府在西撒哈拉问题上的"突然转向"。该组织同时指责摩洛哥政府，采用武力吞并西撒哈拉领土并将其合法化，无视"西撒哈拉人民不可剥夺的自决和独立权利"。

二是阿尔及利亚随后召回驻西班牙大使，西阿关系骤然降温。这一系列的连锁反应中，最引人关注的是西班牙与阿尔及利亚之间的关系急速恶化。西班牙完全顺从了美国的意愿，俄乌冲突下阿尔及利亚与俄罗斯关系不断密切，这些因素交织激化了美俄在该地区的矛盾与分歧。2022年6月8日，阿尔及利亚总统特本宣布，由于西班牙对西撒哈拉地区的立场转变，阿尔及利亚将立即中止与西班牙于2002年10月8日签署的《友好睦邻合作条约》。阿尔及利亚方面认为，西班牙政府放弃此前的西撒哈拉传统中立立场，转而支持摩洛哥的西撒哈拉自治计划的举动是不合理的。阿尔及利亚银行与金融机构协会宣布自2022年6月9日起冻结该国与西班牙贸易业务往来。

阿尔及利亚的上述决定惊动了西班牙和欧盟。中止 20 年前签署的《友好睦邻合作条约》，很可能意味着阿尔及利亚不再向西班牙供应天然气，西班牙 30% 的液化天然气依赖从北非国家输入。两国关系的新变数将会加剧欧洲能源供需的紧缺状况。因此，马格里布地区的安全形势不仅与西班牙紧密关联，更关系到欧盟的能源安全问题。

意识到该地区潜在的安全风险，近年来西班牙在参与北约集体防务行动中表现得主动又积极。目前西班牙参加了北约六项防御和军事任务：北约—波罗的海空中警戒任务（Baltic Air Police）、北约常设海军集团（NATO Standing Naval Groups）、地中海海上防御行动（Operation Sea Guardian in the Mediterranean）、加强拉脱维亚前线防御（Enhance Foward Presence in Latvia）、土耳其支持行动（Operation Turkey Support）和北约在伊拉克的任务（NMI, NATO mission in Iraq）。西班牙最近重申了对北约的承诺，增派了 157 名军人，加强位于拉脱维亚阿达日（Ādaži）基地南翼的北约兵力部署。[1]

（三）俄乌冲突对西班牙社会经济的多重影响及其应对[2]

总体而言，俄乌冲突爆发及未来走向的高度不确定性，严

---

[1] La Moncloa, "SáNchez Stresses The Importance Of Spain's NATO Membership In Guaranteeing Our Way Of Life, Stability And Future", https://www.lamoncloa.gob.es/lang/en/presidente/news/Paginas/2022/20220530_nato-anniversary.aspx.

[2] La Moncloa, "Pedro Sánchez announces a National Plan to respond to the economic and social impact of the invasion of Ukraine", https://www.lamoncloa.gob.es/lang/en/presidente/news/Paginas/2022/20220302_appearance.aspx.

重阻碍了西班牙经济的复苏进程。2022 年西班牙 GDP 增长预期将从 4.2% 下调至少 1.3 个百分点。多数学者认为，这场冲突对西班牙既有直接影响，但间接影响或许更大。①

在宏观经济层面，冲突造成的直接影响相对较小。西班牙与俄乌两国的经贸往来规模不大，通过双边直接投资贸易产生的风险有限。但随着国际经济环境的持续恶化和全球供应链随时中断等不确定性因素的增加，不可避免地将会波及和直接影响到西班牙经济。西班牙在俄乌两国没有重大投资，在俄罗斯仅有 130 多家公司，在乌克兰有 30 多家，主要涉及纺织（Inditex）、汽车零部件（Gestamp 和 Grupo Antolín）、奢侈品（Tous 和 Lladró）和旅游公司。西班牙对俄罗斯油气资源的依赖程度也较低。2019 年，西班牙从俄罗斯进口的石油比例不足 11%，同期德国、意大利的进口比重分别为 37%、22%，对俄罗斯的能源依赖程度远高于西班牙。西班牙从俄罗斯进口的天然气比重为 6%，欧盟的平均水平为 40%。意大利、匈牙利和捷克高度依赖俄罗斯天然气供应，进口比重分别高达 37%、58% 和 84%，德国大约介于 1/3 和 40% 之间②，与俄罗斯能源形成高度依赖关系。

在微观经济层面，能源价格飙升、通货膨胀压力上升、利率上扬等，对西班牙经济造成的冲击更大。美西方对俄罗斯实行多轮制裁，引发国际能源市场剧烈动荡、能源供应链严重短缺，欧洲能源市场价格急剧暴涨。西班牙是天然气和石油等油气资源的净进口国，燃油价格、电价等上升，对家庭和企业而言，实际收

---

① Lacaixa, "The Spanish economy in the face of the war in Ukraine", https://www.caixabankresearch.com/en/economics-markets/recent-developments/spanish-economy-face-war-ukraine.

② Enrique Feás, "The effects of the invasion of Ukraine on the Spanish economy", Elcano, March 11, 2022, https://www.realinstitutoelcano.org/en/commentaries/the-effects-of-the-invasion-of-ukraine-on-the-spanish-economy/.

入严重缩水，受新冠肺炎疫情影响严重的行业，如旅游业和交通运输业将再次受到冲击，高能耗产业，包括建筑业、冶金业和木材业等均受到严重影响。"在过去的 61 年中（1960—2021 年），西班牙的消费价格通胀率在 -0.5% 和 24.5% 之间波动。2021 的通货膨胀率为 3.1%。平均通货膨胀率为 6.4%。物价涨幅为 3935.49%。1960 年 100 欧元的物品，到 2022 年初需要支付 4035.49 欧元。2022 年 5 月，通货膨胀率为 8.7%。能源价格增幅达 34.2% 和食品为 11.0%。"① 未来持续的高通胀压力，必然给政府的财政预算带来巨大压力，公共债务趋向进一步恶化。

随着全球粮农产品、食品价格大幅上涨，西班牙面临国内粮食安全供应问题。俄乌两国都是全球粮食和农产品贸易大国。联合国粮食及农业组织最新数据②显示：2021 年，俄乌两国的小麦出口量约占全球总量的 30%。乌克兰是全球第四大玉米出口国，占全球供应总量的 15%。两国的葵花籽油出口合计占全球供应总量的 55%。俄罗斯是肥料出口大国，2020 年俄罗斯是全球最大的氮肥出口国，钾肥的第二大供应国，磷肥的第三大出口国。在所有小麦进口国中，近 50 个国家对俄罗斯和乌克兰小麦进口的依赖程度达到了 30%。其中，26 个国家 50% 以上的小麦进口来自俄乌两国。

2022 年 2 月，联合国粮食及农业组织食品价格指数创下历史新高，同比上涨 21%，比 2011 年 2 月创下的前期高点高出 2.2%。这场冲突将对全球市场和粮食安全产生多重影响，危及许多国家的粮食安全。西班牙从乌克兰进口农产品较多：包括 38%

---

① "Development of inflation rates in Spain", World data, https://www.worlddata.info/europe/spain/inflation-rates.php.
② 联合国粮食及农业组织：《乌克兰—俄罗斯冲突对全球粮食安全及联合国粮食及农业组织（粮农组织）职责范围内相关事项的影响》，相关内容可参阅：https://www.fao.org/3/ni734zh/ni734zh.pdf。

的玉米、25%的大麦和2/3的葵花籽油以及10%的小麦。①

俄乌持续酣战，对西班牙社会经济造成严重冲击，导致国内运输业大罢工、物价翻倍、能源暴涨，贫困加剧，民众义愤填膺。为此，政府不得不采取紧急应对措施。2022年3月2日桑切斯宣布"应对战争的国家计划"（Plan Nacional de Respuesta a la Guerra）②，总金额为160亿欧元，其中60亿欧元用于直接援助。主要措施有：针对所有机动车辆使用者，每人都将获得每升20欧分的最低补贴。作为欧洲的"能源岛"，西班牙试图通过伊比利亚天然气市场（Mercado Ibérico del Gas）每天设定的基准来限制国际市场的天然气和煤炭供应，进一步干预批发电力市场的电价；限定最低生活收入，帮助社会贫困和弱势人群等。

随着国内通货膨胀和能源短缺问题加剧，政府不得不再次提出纾困计划。2022年5月26日，在一次特别会议上西班牙政府批准了应对"能源危机和通货膨胀的经济措施"。该举措计划投入90亿欧元，其中55亿欧元用于保护家庭基本支出，36亿欧元用于降低税务负担。③ 这些措施将持续到2022年12月31日，争取将通胀从目前的8.7%降至3.5%。

---

① Enrique Feás, "The effects of the invasion of Ukraine on the Spanish economy", Elcano, March 11, 2022, https://www.realinstitutoelcano.org/en/commentaries/the-effects-of-the-invasion-of-ukraine-on-the-spanish-economy/.

② "El presidente Sánchez anuncia un Plan Nacional para responder al impacto económico y social de la invasión de Ucrania", Ministerio de Asuntos Exteriores, Unión Europea y Cooperación, March 2, 2022, https://www.exteriores.gob.es/Embajadas/washington/es/Comunicacion/Noticias/Paginas/Articulos/20220302_NOT01.aspx.

③ "Rebaja del Abono Transporte y una Ayuda de 200 Euros Para Los MÁS Vulnerables, Entre Las Novedades del Plan Anticrisis", RTVE, June 25, 2022, https://www.rtve.es/noticias/20220625/gobierno-rebaja-abono-transporte-ayuda-200-euros-autonomos-desempleados/2385401.shtml.

（四）俄乌冲突对西班牙内政的影响

俄乌冲突不仅改变了西班牙的外交和防务政策，也引发国内政党政治形势发生变化。

首先，凸显了执政两党在俄乌冲突上的价值观和立场分歧。本届政府是西班牙民主制度建立以来，首次由两大左翼党派——工人社会党和"我们能"党联合组建。经过了两年多的联合执政，两党的分歧时有表现，俄乌冲突公开暴露了双方外交立场的分歧点。两党在是否向乌克兰提供军事装备，提供战略防御性还是进攻性武器装备上，一度出现观点对立。在议会专题辩论会上，西班牙外交大臣代表首相阐明了政府的立场，作为执政党之一的"我们能"党则猛烈抨击政府向东欧地区派遣军用飞机的决定是错误的。他们指出，西班牙是捍卫主张和平的国家，应通过对话和外交手段，避免在该地区进行大规模军事演习，阻止冲突升级。平等部大臣蒙特罗是"我们能"党的核心成员，她强调指出：西班牙是一个应对战争说"不"的国家。

巴勃罗·伊格莱西亚斯（Pablo Iglesias）是"我们能"党的前总书记，2020年1月至2021年3月在本届政府中担任副首相。他指责国防大臣玛加丽塔·罗夫莱斯（Margarita Robles）把西班牙人看作"白痴"，为北约在地缘政治危机中发挥的作用进行辩护。他说："国防大臣说北约生来就是为了捍卫和平、保障各类变性恋者（LGBTQ+社区）权益，捍卫人权、民主和公共卫生的。"这套说辞恐怕连工社党自己的选民也不会相信。① 这不是执政党内部第一次在公共问题上公开分歧。消费事务大臣阿尔贝

---

① "Ukraine Crisis Shakes up Domestic Politics in Spain, Exposing Division over NATO Plan", El Pais, https：//english.elpais.com/spain/2022-01-24/ukraine-crisis-shakes-up-domestic-politics-in-spain-exposing-division-over-nato-plan.html.

托·加尔松（Alberto Garzón）来自"我们能"党，他最近针对西班牙肉类出口问题的一番评论，招致执政联盟党工社党的轮番白眼。在接受英国媒体采访时，加尔松对西班牙集约化畜牧业的环境污染问题提出了批评，他认为在这种污染环境下出口的猪肉品质是较差的。工社党成员农业大臣路易斯·普拉纳斯（Luis Planas）对此予以了反驳，他明确表示工社党反对他的说法，发展集约型畜牧业是西班牙现代农业的主要特色之一，集约化生产是保障西班牙作为欧盟第四大肉类出口国和世界第八大肉类出口国地位的基本途径之一。①

其次，俄乌冲突造成西班牙政党力量快速演变。右翼政党的地方势力明显上升，削弱了左翼政党的地方民意基础。由于执政两党存在分歧，为在俄乌冲突应对上赢得更多党派支持，工人社会党转而寻求反对党人民党的支持。人民党前领袖卡萨多不失时机地利用政府内部的分歧和矛盾，制造话题、放大裂隙，企图激化矛盾。他公开质疑政府：在俄乌问题上，到底执政党中谁是负责人、实际掌权人？在执政两党中，工社党坚定地簇拥北约、支持乌克兰和谴责俄罗斯，并不断给北约军团增派兵力和提供杀伤性武器，这些做法与西班牙一贯倡导的和平民主等原则严重背离，导致近期工社党的国内政治影响力急速下跌。

2022年2月以来，工社党在地方选举中频频遭遇严重失利，接连失去地方执掌大权，人民党的选民支持率正在大幅反弹，逐渐收复政治失地，工社党的地方权力快速向人民党方向转移。在2022年2月13日卡斯蒂利亚·莱昂地方选举中，人民党获得31个席位，在地方党派中居于第一，呼声党实现了历史性重大

---

① "How a Minister's 'Poor Meat' Comments in 'The Guardian' Triggered a Political Storm in Spain", El Pais, https：//english.elpais.com/spain/2022-01-12/how-a-ministers-poor-meat-comments-in-the-guardian-triggered-a-political-storm-in-spain.html.

突破，从上届的1个议席飙升至13个席位。这是佛朗哥独裁专制结束后，极右翼政党首次进入地方议会①，与人民党联合组建地方政府，共同管理该地区事务。

令人不可思议的是，在工人社会党选民根基最为深厚、政治影响力根深蒂固的安达卢西亚地区，经过本届地方选举，已经完全成为人民党的天下。2022年6月19日安达卢西亚自治区的地方选举中，人民党取得了压倒性优势赢得选举，现任自治区主席胡安·曼努埃尔·莫雷诺再次赢得选举。人民党在安达卢西亚的所有8个省都获胜，自西班牙民主制度建立以来，塞维利亚首次成为人民党的政治地盘。在109个地方议席中，人民党赢得58个席位，比2018年增加32个席，创造了历史。工社党只拿下30个议席，创下历史最差纪录。呼声党未能达到预期目标进入议会，公民党的选民支持率持续下滑，目前该党已被排除在地方议会之外。②

人民党在西班牙南部地区取得了历史性胜利，该党得以在西班牙人口最多的地区单独执政，不需要与极右翼政党呼声党联合执政③，由此彻底改变了地方政党政治格局，安达卢西亚自治区由工社党"一党执掌"转变为人民党的"一党天下"，这一选举结果在西班牙地方政治历史上绝无仅有。这次地方选举预示着在下届全国大选中，工社党将面临难以预料的严峻挑战。

---

① "Spain: Far-Right Vox Party Enters Regional Government For the First Time", Euro News, https://www.euronews.com/2022/03/10/spain-far-right-vox-party-enters-regional-government-for-the-first-time.

② "2022 Andalusian regional election", Wikipedia, https://en.wikipedia.org/wiki/2022_Andalusian_regional_election#/media/File:2022_Andalusian_Regional_Election_Results_Map.svg.

③ Guardian, Spain: conservative People's party wins unprecedented majority in Andalucía, The Guardian, June 19, 2022, https://www.theguardian.com/world/2022/jun/19/spain-andalucia-vote-regional-election-peoples-party.

（五）结语

俄乌冲突正在改变欧洲地缘政治安全格局，加快重塑和调整世界主要大国和区域之间的关系，欧盟及其北约盟友空前团结一致地谴责俄罗斯，进一步巩固和加强了美国在北约的领袖地位。西班牙不失时机地拉近与美西方国家的关系，从北约集体防务体系权力的边缘地带迅速向核心靠拢。在北约峰会召开前夕，2022年6月28日，桑切斯与首次到访的美国总统拜登举行会晤，会后发表联合声明强调：美西两国是盟友、战略伙伴和朋友。此次会晤成果极其丰硕，两国在国防安全、人权、移民、气候变化和能源，以及经贸、数字科学技术、政治等18个领域达成了合作协议[1]，这极大地突破和强化了2001年两国联合声明的内容，成为两国双边关系发展的一大重要里程碑。因此，当前及未来，中西关系发展走向必然受制于美国等因素的干扰和影响。

2023年将迎来中西建交50周年，应尽快消除俄乌冲突下干扰中西两国关系健康发展的负面因素，尤其是美国因素。未来中西两国应基于双方共同利益和实际需求，不断深化全面战略伙伴关系，在经贸、科技、人文教育、农业等领域推进务实合作，促进两国社会经济发展战略对接。应凸显双方优势领域，进一步加强人文交流和文化合作，增进两国人民之间的相互了解和理解，推动中西两国社会经济共同繁荣发展。

在2021年中西两国外长视频会上，两国领导人已就"庆祝中国与西班牙建交五十周年"达成基本共识。双方将为庆祝

---

[1] 美西两国元首会晤并发表联合声明，详情可参考："Pedro Sánchez y Joe Biden acuerdan que España y EEUU renueven y actualicen su relación estratégica"，https：//www.lamoncloa.gob.es/presidente/actividades/Paginas/2022/280622-sanchez-biden-eeuu.aspx。

"2023—2024年中国西班牙文化年",成立联合工作组,协调举行联合活动。中国与西班牙作为世界两大文化大国,"国之交在于民相亲,民相亲在于心相通",重点推动人文交流和文化合作,必将为增进两国人民友谊、共同创造美好合作未来,厚植民意基础,推动中西关系行稳致远、健康发展。

十 俄乌冲突下中东欧国家的应对及影响[*]

2022年2月24日，俄罗斯对乌克兰展开"特别军事行动"，俄乌冲突爆发。俄乌冲突是第二次世界大战结束后欧洲大陆爆发的最严重的国际冲突。中东欧国家高度关注俄乌冲突的发展，并做出相应反应。俄乌冲突在一定程度上重塑了欧洲地缘政治，对中东欧国家的安全环境产生深刻影响。

（一）中东欧国家对俄乌冲突的应对

2021年俄罗斯在俄乌边境部署重兵引发美国情报部门关注，中东欧国家特别是北约东翼国家对俄军的动向高度警觉。2022年2月24日，俄乌冲突爆发后，中东欧国家做出了相应的反应。

1. 谴责俄罗斯对乌克兰的"侵略"

绝大多数中东欧国家对俄罗斯加以谴责。波兰外交部强烈谴责俄罗斯对乌克兰的空前武装袭击，认为"俄罗斯联邦蓄意决定摧毁现有安全结构的基础，并试图以武力改变边界，这在21世纪是不能接受的。波兰将与其盟国合作，采取国际法规定的一切行动支持

---

[*] 孔田平，中国社会科学院欧洲研究所研究员。

乌克兰，制止俄罗斯的侵略"①。爱沙尼亚、拉脱维亚和立陶宛三国外交部长发表联合声明，谴责俄罗斯对乌克兰的"侵略"，称"这种侵略行为是不可接受的，它公然违反了国际法，所有国际规范"。捷克外交部长扬·利帕夫斯基（Jan Lipavsky）称俄罗斯的入侵是"野蛮的侵略行为"。捷克总理彼得·菲亚拉（Peter Fiala）谴责俄罗斯对乌克兰的"无端侵略"，捷克总统米洛什·泽曼（Miloš Zeman）指责俄罗斯犯下危害和平罪，呼吁对俄罗斯实行更严厉的制裁②。斯洛伐克外交部长伊万·科尔乔克（Ivan Korčok）谴责俄罗斯联邦对邻国乌克兰的直接军事攻击，称"俄罗斯严重违反国际法和《联合国宪章》的原则。这是对欧洲安全的威胁"③。匈牙利总理欧尔班·维克托（Orbán Viktor）谴责俄罗斯的军事行动，强调匈牙利必须置身冲突之外。匈牙利外长彼得·西亚尔托（Peter Szijjártó）表示支持乌克兰的领土完整和主权。俄乌冲突爆发后，斯洛文尼亚谴责俄罗斯对乌克兰的入侵。时任斯洛文尼亚总理亚内兹·扬沙（Janez Janša）称这是"对乌克兰前所未有的军事侵略"，强调"俄罗斯必须立即撤军，充分尊重乌克兰的领土完

---

① "MFA statement on Russia's armed aggression against Ukraine", Ministry of Foreign Affairs Republic of Poland, February 24, 2022, https：//www.gov.pl/web/diplomacy/mfa-statement-on-russias-armed-aggression-against-ukraine.

② "'An act of barbaric aggression', Czech leaders condemn Russian invasion of Ukraine, prepare response", Czech Radio, February 24, 2022, https：//english.radio.cz/act-barbaric-aggression-czech-leaders-condemn-russian-invasion-ukraine-prepare-8742957.

③ "Ivan Korčok on the military attack by the Russian Federation on Ukraine", Minister of Foreign and European Affairs of the Slovak Republic, https：//mzv.sk/web/en/ukraine-current-news/-/asset_publisher/sJSZtaIx6cgr/content/minister-zahranicnych-veci-a-europskych-zalezitosti-sr-ivan-korcok-k-vojenskemu-utoku-ruskej-federacie-na-ukrajinu/10182?_101_INSTANCE_sJSZtaIx6cgr_redirect=%2Fweb%2Fen%2Fukraine-current-news%3Fstrana%3D2.

整"，博鲁特·帕霍尔（Borut Pahor）总统称俄罗斯严重违反了国际法和联合国和平解决争端的原则，呼吁普京总统立即停止敌对行动，暂停使用武力，给外交以机会。① 罗马尼亚总统克劳斯·约翰尼斯（Klaus Iohannis）发表声明，强烈谴责俄罗斯对乌克兰的军事侵略，认为俄罗斯严重违反国际法，侵犯乌克兰的主权和领土完整。② 保加利亚总理基里尔·佩特科夫（Kiril Petkov）谴责俄罗斯对乌克兰的军事侵略，称"在21世纪对一个主权国家使用武力是不可接受的"。保加利亚外交部长特奥多拉·根乔夫斯卡（Teodora Genchovska）称俄罗斯的行为"破坏乌克兰的主权和独立，严重违反国际法"③。克罗地亚总理安德烈·普连科维奇（Andrej Plenković）谴责俄罗斯对乌克兰的入侵。"这次无端袭击严重违反了乌克兰的主权和国际法"。"这完全是俄罗斯的责任，我们呼吁俄罗斯立即停止这次军事袭击"④。克罗地亚总统佐兰·米拉诺维奇（Zoran Milanovic）强烈谴责俄罗斯对乌克兰的侵略，并认为俄罗斯军队的袭击是对乌克兰主权的不可接受的侵犯。⑤

---

① "Slovenia condemns Russia's invasion of Ukraine", The Slovenia Times, February 24, 2022, https：//sloveniatimes.com/slovenia-condemns-russias-invasion-of-ukraine-roundup/.

② "Romanian president condemns Russia's attack on Ukraine", https：//www.romania-insider.com/iohannis-condemns-ukraine-attack-russia-feb-24-2022.

③ "Bulgaria's PM：'We strongly condemn Russia's military aggression against Ukraine'", https：//sofiaglobe.com/2022/02/24/bulgarias-pm-we-strongly-condemn-russias-military-aggression-against-ukraine/.

④ "Plenković：We Strongly Condemn Russia's Invasion of Ukraine", https://www.total-croatia-news.com/politics/60561-plenkovic-we-strongly-condemn-russia-s-invasion-of-ukraine.

⑤ Mark Thomas, "Croatian President strongly condemns Russian aggression on Ukraine", the dubrovnik times, February 24, 2022, https：//www.thedubrovniktimes.com/news/croatia/item/13133-croatian-president-strongly-condemns-russian-aggression-on-ukraine.

2. 对俄罗斯实施制裁

中东欧国家中已有 11 个国家加入欧盟，这些国家执行欧盟的对俄制裁措施。西巴尔干一些欧盟候选国也执行欧盟对俄的制裁措施。俄乌冲突升级后，欧盟对俄实施一系列制裁。2022 年 2 月 23 日，欧盟对俄罗斯决定承认"顿涅茨克共和国"和"卢甘斯克共和国"并派遣军队做出回应，欧盟决定对俄罗斯国家杜马 351 名议员和另外 27 名个人实施定向制裁；限制与顿涅茨克州和卢甘斯克州的非政府控制区的经济关系；限制俄罗斯进入欧盟资本和金融市场及服务。2022 年 2 月 24—25 日，欧盟出台第二轮对俄制裁措施，对俄制裁的目标涉及金融部门、能源和交通部门、军民两用商品、出口管制和出口融资、签证政策、对俄罗斯个人的额外制裁。主要的制裁措施包括禁止与公共控制下的信贷机构和其他公司的可转让证券和货币市场工具有关的交易和服务，以及禁止接受来自俄罗斯公民或居住在俄罗斯的个人和法律实体的存款；禁止向俄罗斯出售、供应、转让或出口可能有助于俄罗斯军事和技术增强或其国防和安全部门发展的货品和技术；禁止航空航天工业的货物、技术和服务出口；对用于炼油的某些货物和技术的销售、供应、转让和出口实施限制；冻结俄罗斯总统普京、外长拉夫罗夫的资产；对俄罗斯联邦国家安全会议成员和其他杜马议员实施限制措施。2022 年 2 月 28 日，欧盟通过第三轮对俄制裁措施，禁止与俄罗斯中央银行进行交易；禁止俄罗斯航空公司飞越欧盟领空和进入欧盟机场；对另外 26 人和 1 个实体实行制裁。2022 年 3 月 2 日，欧盟决定切断 7 家俄罗斯银行与 SWIFT 系统的联系；禁止投资或参与俄罗斯直接投资基金共同融资的项目；禁止向俄罗斯或俄罗斯境内的任何自然人或法人或实体出售、供应、转让或出口欧元纸币；暂停今日俄罗斯电视台和卫星通讯社在欧盟的活动。2022 年 3 月 15 日，欧盟通过对俄罗斯的第四轮制裁措施。禁止与某些国有企业的所有交易；禁止向任何俄罗斯个人或实体提供信用评级服务；禁止在俄罗斯能源领域的新投资；对军民两用货品以及可能有助于俄罗斯加强国防和安全部门技术的货物和技术实施更严格的出口限制；对钢铁和奢侈品贸易实行限制；对另外15名个人和9个实体实行制裁。2022年4月8日，欧盟通过对俄罗斯的第五轮制裁措施。制裁措施包括禁止从俄罗斯进口煤炭和其他固体化石燃料；禁止所有俄罗斯船只进入欧盟港口；禁止俄罗斯和白俄罗斯公路运输运营商进入欧盟；禁止俄罗斯木材、水泥、海产品和酒等其他商品的进口；禁止向俄罗斯出口飞机燃油和其他商品；禁止俄罗斯人存款到加密钱包。2022年5月30—31日，欧盟通过对俄的第六轮制裁措施。制裁主要涉及对俄罗斯原油和石油产品的禁运，对通过管道供应的石油实行临时豁免。

波兰和波罗的海国家是中东欧国家对俄制裁的激进派，推动欧盟出台最严厉的制裁。波兰是在欧盟内部严厉制裁俄罗斯的倡导者，比如对俄罗斯中央银行的制裁、切断俄罗斯银行与SWIFT系统的联系、对俄罗斯实行全面能源禁运、没收俄罗斯的海外资产等。2022年3月25日，在冲突爆发一个月后，波兰联合捷克和斯洛文尼亚提出了拯救乌克兰10点计划。该计划包括强化对俄制裁的一系列措施，如切断俄罗斯所有银行与SWIFT支付体系的联系；彻底结束俄罗斯在欧洲的宣传；禁止俄罗斯船只进入欧洲的港口；对进出俄罗斯的公路运输实行封锁；对俄罗斯整个商界实施制裁；暂停俄罗斯公民入境欧盟的签证；对统一俄罗斯党的所有成员实施制裁；全面禁止向俄罗斯出口可用于发动战争的技术；必须将俄罗斯排除在所有国际组织之外。波兰总理马泰乌什·莫拉维茨基强调西方必须结束对俄罗斯总统普京的绥靖，批评对俄制裁行动缓慢，呼吁对俄罗斯实行最大限度的制裁。① 波兰以最激烈的言辞抨击德国。莫拉维茨基访德前夕在社交媒体严厉批评德国自私自利，称向乌克兰提供5000顶头盔就是一个笑话。波兰在推动德国政策转变上也发挥了作用。波兰似乎站在道德制高点上，认为过去包括默克尔执政时期德国的对俄政策是错误的。波兰一再提醒欧洲关注俄罗斯的威胁，一再提醒欧洲要实现能源多元化，摆脱对俄的能源依赖，反对"北溪2号"天然气管道项目，欧洲置若罔闻。波兰用最激烈的语言来抨击德国等欧洲国家。波兰总统杜达严词抨击法国总统马克龙和德国总理朔尔茨与普京接触，将普京比作第二次世界大战期间的希特勒。在对俄天然气禁用问题上，波兰的立场非常坚定，在布恰镇平民死亡事件曝光之后，波兰认为德国是实施对俄最严厉制裁的一个障碍。爱沙尼亚、拉脱维亚和立陶宛也支持对俄实行最为严厉的制裁。匈牙利参与欧盟对俄制裁，但在涉及对俄石油和天然气禁运问题上捍卫自身利益，与欧盟讨价还价。塞尔维亚则宣布不参与对俄制裁，而且与俄罗斯签署了为期三年的天然气供应合同。

3. 外交上孤立俄罗斯

冲突爆发后，中东欧国家加入欧盟和北约国家驱逐俄罗斯外交官的浪潮。立陶宛驱逐了4名俄罗斯外交官，爱沙尼亚和拉脱维亚各驱逐了3名俄罗斯外交官。波兰驱逐了45名俄罗斯外交官，斯洛伐克驱逐了35名俄罗斯外交官。捷克宣布驱逐18名俄罗斯外交官。罗马尼亚和保加利亚分别驱逐了10名俄罗斯外交官。斯洛文尼亚宣布33名俄罗斯外交官为不受欢迎的人。

---

① "Poland's prime minister says the West's appeasement of Vladimir Putin must stop", The Economist, April 23, 2022, https://www.economist.com/by-invitation/2022/04/23/polands-prime-minister-says-the-wests-appeasement-of-vladimir-putin-must-stop.

克罗地亚驱逐24名俄罗斯外交官。黑山驱逐4名俄罗斯外交官。北马其顿下令4名俄罗斯外交官离境。2022年4月7日，联合国大会决定中止俄罗斯在人权理事会的席位，中东欧国家均投了赞成票。只有塞尔维亚与俄罗斯保持高层交往，2022年6月5日计划邀请俄罗斯外长拉夫罗夫访塞，但是由于保加利亚、北马其顿和黑山拒绝开放领空，拉夫罗夫的访问不得不取消。

在布恰镇平民死亡事件曝光之后，波兰最早强调俄罗斯犯下种族灭绝罪，2022年4月7日波兰议会通过了决议，呼吁成立国际调查委员会，要对战犯绳之以法，并且要求暂停俄罗斯在所有国际组织中的成员资格。波兰总理莫拉维茨基称俄罗斯是"极权主义、民族主义和帝国主义"，试图重建俄罗斯帝国。他宣称"普京是一名战犯，他对乌克兰的责任超出了人们的想象"。他强调应该建立一个国际法庭来追查罪行，并在战争结束后伸张正义。[①] 2022年4月21日，爱沙尼亚和拉脱维亚议会分别通过决议，称俄罗斯在乌克兰犯下种族灭绝罪。2022年5月10日，立陶宛议会通过决议，称俄罗斯对乌克兰的战争是对乌克兰人民的种族灭绝，承认俄罗斯为恐怖主义国家。决议强调，必须追究所有肇事者的责任，并敦促国际社会成立一个特别国际刑事法庭，调查俄罗斯犯下的罪行。罗马尼亚总理丘卡表示罗马尼亚支持对俄罗斯在乌克兰的"暴行"进行国际调查，追究肇事者的责任。2022年5月18日，罗马尼亚宣布加入乌克兰在联合国国际法院针对俄罗斯的种族灭绝诉讼。捷克总理菲亚拉强调俄罗斯总统普京应该在国际刑事法庭受审。

---

① "Exclusive: Poland's PM on Ukraine war, 'imperial' Russia, and 'short-sighted' EU states", Euronews, May 5, 2022, https://www.euronews.com/my-europe/2022/05/05/exclusive-poland-s-pm-on-ukraine-war-imperial-russia-and-short-sighted-eu-states.

4. 声援和支持乌克兰

俄乌冲突爆发后，中东欧国家声援乌克兰，向乌克兰提供道义支持，支持乌克兰的主权和领土完整。中东欧国家领导人纷纷访问基辅，向战火中的乌克兰表达支持。2022年3月15日，波兰总理莫拉维茨基、捷克总理菲亚拉和斯洛文尼亚总理扬沙作为欧洲理事会的代表一道访问基辅，显示对乌克兰的独立和主权的明确支持。2022年3月24日，爱沙尼亚、拉脱维亚和立陶宛三国议长访问基辅，并与乌克兰最高拉达主席斯特凡丘克签署恢复欧洲安全的联合声明。2022年4月11日，立陶宛总理希莫尼特访问基辅。2022年4月13日，波兰总统杜达与爱沙尼亚总统卡里斯、拉脱维亚总统列维特斯和立陶宛总统瑙塞达一起访问基辅。2022年4月26日，罗马尼亚总理丘卡对乌克兰进行工作访问。2022年4月27日，保加利亚总理佩特科夫访问基辅。2022年5月22日，波兰总统再次访问基辅，成为冲突爆发后第一位在乌克兰议会发表演说的外国领导人。2022年5月31日，斯洛伐克总统查普托娃访问基辅。

一些中东欧国家向乌克兰提供军事援助。波兰向乌克兰提供了价值近20亿美元的武器，包括240辆坦克、100辆装甲运兵车、反坦克导弹、迫击炮、弹药和无人机等。捷克向乌克兰提供了T-72坦克、BVP-1步兵战车、RM-70火箭发射器、152毫米自行榴弹炮等武器。捷克国防部决定向乌克兰提供修理装甲车辆等服务。斯洛伐克向乌克兰提供了S-300防空系统和大量弹药，同时还帮助修理乌克兰的重型车辆。爱沙尼亚向乌克兰提供了FGM-148标枪等反装甲武器和D-30 122毫米榴弹炮。拉脱维亚和立陶宛向乌克兰提供了毒刺发射器和热成像设备。罗马尼亚向乌克兰提供军事援助，11家部队医院准备接收乌克兰伤员。保加利亚由于四党联合政府内部分歧，未能向乌克兰提供军事援助达成一致。保加利亚政府拒绝向乌克兰提供重型武器，但议会同意保加利亚维修乌克兰的重型军事装备。匈牙利未向乌克兰提供武器，并拒绝援乌武器从匈牙利过境。

中东欧国家向乌克兰提供人道主义援助。2022年5月5日在华沙由波兰、瑞典和欧盟组织的捐助乌克兰国际会议，为乌克兰募集了70亿美元。波兰人欢迎乌克兰难民的到来，为难民提供18个月的居留权，波兰人热情帮助乌克兰难民，为难民提供住房。波兰是欧洲接收乌克兰难民最多的国家，从冲突爆发到2022年6月12日，进入波兰的乌克兰难民人数达400万，但是在波兰没有出现难民营。乌克兰难民可申请身份识别码，享受医疗及其他福利待遇，包括儿童补贴。波兰也为乌克兰难民就业和儿童就学提供便利。罗马尼亚允许乌克兰难民进入罗马尼亚，并向乌克兰难民提供便利条件，如建立难民营安置难民，提供免费获得医疗、教育和运输服务以及就业服务。到2022年6月9日，入境罗马尼亚的乌克兰难民人数达62.2万。罗马尼亚2022年3月在苏恰瓦建立的人道主义中心，在向乌克兰转移国际援助方面发挥了中介作用。斯洛伐克和匈牙利也向入境的乌克兰难民提供人道主义援助。2022年6月8日，入境斯洛伐克的乌克兰难民为48.7万人。到2022年6月9日，入境匈牙利的难民为74.1万人。

中东欧国家支持乌克兰加入欧盟。与西欧国家相比，中欧国家和波罗的海国家更为积极推动乌克兰加入欧盟。波兰总统杜达在冲突爆发后不久就明确表示乌克兰应当立即获得欧盟候选国地位，并开始入盟谈判。乌克兰应当从欧盟获得重建基金。乌克兰应当有加入欧盟的快速通道。罗马尼亚支持乌克兰加入欧洲联盟的愿望，强调欧盟应向乌克兰、摩尔多瓦和格鲁吉亚提供入盟前景，这些国家应当成为欧洲大家庭的一部分。

（二）俄乌冲突对中东欧国家的影响

俄乌冲突已历百日，冲突的结局尚难预料，因此很难评判冲突对中东欧国家安全环境的长期影响。俄乌冲突无疑是第二次世界大战爆发后欧洲最为惨烈的战争，是冷战结束后欧洲最严重的安全危机之一。俄乌冲突导致中东欧国家所处的安全环境发生深刻变化。

1. 北约东翼国家的不安全感增强，中东欧国家安全环境恶化

2014年的乌克兰危机引发了中东欧国家，特别是北约东翼国家的安全焦虑。2014年乌克兰危机为局部冲突，主要集中在克里米亚和顿巴斯，没有在整个乌克兰蔓延。2022年俄罗斯对乌克兰发起"特别军事行动"，乌克兰首都基辅成为攻击目标。2022年波兰以及波罗的海国家的不安全感比2014年更为强烈。北约东翼国家担心如果俄罗斯在乌克兰得手，波兰及波罗的海国家有可能成为俄罗斯攻击的目标。俄罗斯前总理卡西亚诺夫认为，如果乌克兰陷落，波罗的海国家将是下一个目标。

波罗的海三国均为与俄罗斯接壤的小国，三国人口约为600万。虽然爱沙尼亚、拉脱维亚和立陶宛2004年加入北约，但是波罗的海国家的安全仍为北约的薄弱环节。由于历史原因，与强邻相依的波罗的海国家有与生俱来的不安全感。俄罗斯对格鲁吉亚、乌克兰等原苏联共和国的行为使波罗的海国家感到不安。2014年乌克兰危机之后，北约在波罗的海国家以轮换方式部署战斗群。波罗的海国家通过狭窄的苏瓦乌基走廊与其他北约国家相连。苏瓦乌基走廊位于高度军事化的俄罗斯飞地——加里宁格勒和俄罗斯盟友白俄罗斯之间，被美国军事专家视为地缘政治的敏感地带。立陶宛总统瑙塞达称该走廊为"欧洲的阿喀琉斯之踵"。在西方与俄罗斯关系紧张的背景下，西方与俄罗斯有可能在苏瓦乌基走廊发生冲突。波罗的海国家领导人长期以来一直推动北约增加在波罗的海国家的军事存在，在波罗的海国家建立永久基地，认为这是对俄罗斯入侵的最终威慑。

2016年华沙北约峰会后北约日益关注波罗的海国家和波兰

的安全，对于黑海地区的安全重视不够，没有制订应急计划。罗马尼亚与俄罗斯、乌克兰、格鲁吉亚和土耳其共享的黑海仍然是一个地缘政治极其脆弱的地区。2022年6月10日，"布加勒斯特九国模式"峰会在罗马尼亚首都布加勒斯特举行，九国领导人敦促北约加强其东翼防务。罗马尼亚总统约翰尼斯强调"鉴于罗马尼亚和黑海的安全风险增加，以统一和平衡的方式巩固北约东翼变得更加紧迫和关键"。

2. 北约东翼国家进一步军事化，开始重整军备

北约为应对危机，启动了北约防御计划，在北约东翼部署4万名士兵。此外，北约决定在保加利亚、罗马尼亚、匈牙利和斯洛伐克部署4个新的战斗群，作为在波罗的海三国和波兰4个战斗群的补充。预计2022年6月马德里峰会通过的北约新战略构想将加强北约东翼安全作为北约的重要任务。

1997年5月北约与俄罗斯签署《北约与俄罗斯相互关系、合作和安全的基本文件》，该文件限制在黑海建立永久军事基地。2021年"布加勒斯特九国模式"线上峰会举行，美国总统拜登出席，罗马尼亚总统约翰尼斯呼吁盟国增加在罗马尼亚的军事存在。由于俄罗斯在乌克兰的军事行动，该文件已名存实亡。预计北约和美国将考虑在罗马尼亚建立永久军事基地的可能性。与俄罗斯在冲突爆发前提出的北约退回到1997年之前边界的要求相反，北约东翼的军事化将进一步强化。在俄乌冲突之后，中立国芬兰和瑞典提出了加入北约的要求，并获得北约的积极回应。俄乌冲突进一步加强了美国在欧洲的军事存在，强化了欧洲对美国的战略依赖。2022年4月7日，美国参谋长联席会议主席马克·米利强调，北约需要在中东欧地区建立永久军事基地，其中包括波罗的海国家和波兰。捷克政府也在考虑允许美国设立军事基地。

为应对威胁，北约东翼国家纷纷增加军费支出，重整军备。

2022年3月，波兰通过《保卫祖国法》，决定增加国防预算，从2023年起将国防支出增加到GDP的3%；扩大军队规模，人员将增加到30万人（包括25万名职业军人和5万国土防御部队）；恢复预备役制度；提高军人福利。波兰希望建立一支强大、现代化、装备精良的军队，以应对来自俄罗斯的威胁。罗马尼亚宣布将从2023年起将其国防开支从GDP的2.02%提高到2.5%。爱沙尼亚、拉脱维亚和立陶宛都表示致力于将国防开支至少增加到占GDP的2.5%。

3. 绝大多数中东欧国家与俄罗斯的关系跌至历史低点，对俄关系成为长期挑战

冷战结束后，欧洲的地缘政治发生了深刻变化。苏联主导的军事联盟华约宣布解散，而美国主导的北约并未退出历史舞台。北约经历1999年、2004年、2009年、2017年和2020年五轮扩大后，成为欧洲主导的安全结构。基于历史经验，许多中东欧国家根深蒂固的恐俄情绪驱使中东欧国家寻求加入西方主导的安全联盟。迄今为止，已有14个中东欧国家加入北约。欧盟经历了2004年、2007年和2013年三轮扩大，11个中东欧国家成为欧盟成员国。绝大多数中东欧国家加入北约和欧盟，成为西方世界的组成部分。

西方与俄罗斯对欧洲安全的理念截然不同，西方强调"完整、自由和和平"的欧洲，俄罗斯则关注美国对欧洲安全的影响，认为欧洲支离破碎，仍受集团思维的主导，主张"真正平等、稳定、持久和平的欧洲"。西方认为，北约和欧盟的扩大有助于欧洲安全，而俄罗斯则认为，北约和欧盟的扩大破坏了欧洲安全。在2007年3月德国慕尼黑安全论坛上，俄罗斯总统普京严厉抨击北约东扩，强调北约过去曾承诺，不会在德国东部部署军队，俄罗斯认为这是北约对俄安全所做的保证，但如今北约军力已逐渐逼近俄罗斯。普京强调"北约的扩大显然与北

约本身的现代化或确保欧洲安全没有任何关系。相反，它代表着一种严重的挑衅，降低了相互信任的程度。我们有权问：扩大的目的是针对谁？我们的西方伙伴在华沙条约组织解散后作出的保证又发生了什么变化？这些声明今天在哪里？"① 2008 年时任俄罗斯总统梅德韦杰夫提出"欧洲安全条约草案"，主张"在欧洲—大西洋地区军事和政治安全的背景下，建立一个共同的不可分割的空间，以便最终消除冷战遗留问题"②。俄罗斯的提议并没有获得西方的积极回应。在俄乌剑拔弩张的背景下，2021 年 12 月 17 日俄罗斯外交部在其官网公布了俄罗斯与北约和美国关于安全保障的条约草案。俄罗斯提出北约从中东欧国家撤军，回到 1997 年的状态；撤销 2008 年北约布加勒斯特峰会决议，确保乌克兰和格鲁吉亚不加入北约。西方拒绝俄罗斯的建议，希望讨论相互安全和军控等现实问题。在冷战结束后，中东欧国家与俄罗斯建立起正常的国家关系，但是多数中东欧国家对俄罗斯缺乏信任。2000 年以来，普京治下的俄罗斯在原苏联空间重振国威、收复失地的举措使中东欧国家格外警觉。波兰和波罗的海国家对俄罗斯恢复帝国的企图一再提出警告。2008 年 8 月在俄格战争期间，波兰总统莱赫·卡钦斯基与波罗的海三国总统一道访问第比利斯。卡钦斯基在群众集会上对俄罗斯威胁提出警告，"今天是格鲁吉亚，明天是乌克兰，后天将是波罗的海国家，接下来将是波兰"。2009 年中东欧国家政要发表致美国奥巴马政府公开信，明确"在我们加入北约和欧盟

---

① "Transcript: 2007 Putin Speech and the Following Discussion at the Munich Conference on Security Policy", Johnson's Russia List, March 27, 2014, https://russialist.org/transcript-putin-speech-and-the-following-discussion-at-the-munich-conference-on-security-policy/.

② "The draft of the European Security Treaty", President of Russia, November 29, 2009, http://www.en.kremlin.ru/events/president/news/6152.

后莫斯科最终接受我们完全的主权和独立，但这没有实现。相反，俄罗斯又回到了一个修正主义国家，用21世纪的战术和方法追求19世纪的议程。在全球层面，俄罗斯在大多数问题上已成为一个保持现状的大国。但在地区层面，相对于我们各国而言，它日益作为修正主义者行事。它挑战了我们对自己的历史经验的主张。它在决定我们的安全选择时确立了特权地位。它使用一些隐蔽的经济战争手段，从能源封锁和出于政治动机的投资到贿赂和媒体操纵，以推进其利益，挑战中东欧的跨大西洋方向"[1]。2017年包括中东欧国家的欧洲政要致信当选总统特朗普，宣称"在普京的领导下，俄罗斯的军国主义、战争、威胁、破坏条约和虚假承诺的记录使欧洲成为一个更危险的地方"。强调"与普京达成协议不会带来和平。相反，它使战争更有可能发生。普京认为让步是软弱的表现。他倾向于测试美国在爱沙尼亚，拉脱维亚，立陶宛和波兰等北约前线盟友中的信誉。他不仅可以使用军事恐吓，还可以使用网络攻击，能源和经济压力，间谍活动，心理战，虚假信息和有针对性的贿赂。作为俄罗斯的邻国，我们熟悉这些手法。对抗它们需要西方更强大的力量、团结和决心，而不是更多的迁就"[2]。在冲突爆发前，波兰总统杜达强调俄罗斯13年来一直在采取侵略行为，并实行恢复帝国的政策。

俄乌冲突爆发后，绝大多数中东欧国家与俄罗斯的关系降到历史的最低点。俄罗斯将中东欧14个北约成员国列为敌对

---

[1] "An Open Letter to the Obama Administration from Central and Eastern Europe", Hungarian Spectrum, https://hungarianspectrum.org/2017/01/11/two-letters-of-central-european-leaders-to-washington-2009-and-2017/.

[2] "Letter to President-elect Donald J. Trump from America's Allies", https://hungarianspectrum.org/2017/01/11/two-letters-of-central-european-leaders-to-washington-2009-and-2017/.

国家。2022年4月27日，俄罗斯以波兰和保加利亚不以卢布支付为由，切断对波兰和保加利亚的天然气供应。波兰和波罗的海国家对俄的鹰派立场引发了俄罗斯的愤怒反应。一些中东欧国家明确表示俄乌冲突必须以击败俄罗斯为目标。罗马尼亚众议院议长乔拉库强调，乌克兰必须赢得"战争"。俄罗斯前总统、联邦安全会议副主席梅德韦杰夫强烈抨击波兰的反俄立场，称拒绝购买俄罗斯天然气、石油和煤炭的决定以及对"北溪2号"管道的反对，已经严重损害了波兰经济。按照梅德韦杰夫的说法，这些步骤"不是基于经济，而是基于打着'去俄罗斯化'幌子的政治"。"现在更重要的是，波兰精英附庸宣誓效忠他们的霸主美国，而不是帮助自己的公民，因此他们将继续点燃对敌人俄罗斯的仇恨之火"[①]。俄乌冲突爆发后，俄罗斯对中东欧国家的敌意增加，俄罗斯官员多次威胁波兰和波罗的海国家。

4. 波兰和波罗的海国家的能见度增加，在未来欧洲安全和防务中的话语权可能增强

在俄乌冲突爆发之后，波兰全力声援乌克兰，成为乌克兰在欧洲的主要代言人。华沙成为乌克兰危机外交活动的中心，波兰成为乌克兰的后勤基地。波兰支持乌克兰加入欧盟，提出应当让乌克兰成为欧盟候选国。波兰对乌克兰的叙事方式也发生了一个很大的变化。2014年乌克兰危机中波兰的说法是，没有独立的乌克兰就没有独立的波兰。这一次变成了没有自由的乌克兰就没有自由的欧洲。波兰外长兹比格涅夫·劳（Zbigniew Rau）强调，"俄罗斯对乌克兰的侵略不仅是对乌克兰的侵略，

---

① "Medvedev blasts Poland's 'talentless politicians puppeteered by US' who fuel Russophobia", TASS, March 21, 2022, https://tass.com/politics/1425035? utm_source = google. com. hk&utm_medium = organic&utm_campaign = google. com. hk&utm_referrer = google. com. hk.

而且是对整个自由世界的战争"。在波兰看来，乌克兰是为整个欧洲而战，为自由欧洲而战。在冲突爆发以来，波乌之间高层通话非常频繁。2022年6月1日，波兰与乌克兰两国政府在基辅举行了历史性的联席会议。波兰在危机中高调宣示其立场，尖刻抨击西欧国家，敢于提出极端的解决方案，波兰之声日益引起国际关注。

俄乌冲突改变了欧洲的地缘政治现实。美国天主教大学政治学教授雅各布·格里吉尔认为，"俄乌冲突改变了大陆的地缘政治版图：德国人和俄罗斯人出局了，英国人和波兰人正在崛起，而美国人又回来了"[①]。俄乌冲突是欧洲政治的分水岭。俄乌冲突改变了欧盟。欧盟担心冲突会蔓延到欧盟成员国，一向决策缓慢且难以达成共识的欧盟对危机做出了快速反应，欧盟迅速通过对俄的严厉制裁措施，显示了欧盟前所未有的团结。欧盟出台了对俄罗斯的六轮制裁，制裁力度前所未有。欧盟在其历史上首次拨款向非欧盟国家购买并提供武器，支持乌克兰。在欧盟看来，乌克兰不仅为自身的生存而战，而且为欧洲及其安全架构而战。俄乌冲突后，法国总统马克龙倡导的欧洲"战略自主"将得到增强，中东欧成员国对欧洲"战略自主"损害跨大西洋关系的忧虑将下降。俄乌冲突后，预计欧盟成员国的防务合作将得到加强，欧盟与北约在安全领域的合作将得到强化，欧盟的共同外交和安全政策将更加关注危机预防。俄乌冲突也打破了欧盟共同防务的禁忌，欧盟《战略指南针》文件的出台是欧盟共同的防务政策迈出的重要一步。在应对俄罗斯的威胁上，欧盟正在成为一个安全行为体，开始严肃对待欧盟面临的威胁。欧盟将更加关注其东部和北部的安全。

---

① "Jakub Grygiel, Russia's War Has Created a Power Vacuum in Europe", Foreign Policy, May 5, 2022, https://foreignpolicy.com/2022/05/05/ukraine-russia-germany-europe-power-vacuum-war/.

正如新冠肺炎疫情助推财政联盟一样，俄乌冲突将助推防务联盟。在未来欧洲外交、能源以及安全防务等领域，中东欧国家特别是波兰和波罗的海国家的声音将得到倾听。波兰和波罗的海国家在俄乌冲突中已成为北约东翼应对俄罗斯的桥头堡，已经成为美国在欧洲的可靠伙伴。预计未来波兰和波罗的海国家将在加强北约东翼防务和加强美在欧军事存在中发挥独特作用。

5. 俄乌冲突进一步冲击巴尔干脆弱的地缘政治格局

俄乌冲突触动了巴尔干地区敏感的地缘政治"痛点"。西巴尔干国家加入欧盟进程陷入停滞，俄乌冲突又为西巴尔干的地区安全蒙上阴影。北马其顿独立后的首任外长马列斯基认为，俄罗斯与西方的对抗预示着西巴尔干将进入一个"危险的时代"。冲突爆发后，欧盟立即向波黑增派500名维和军人，以应对可能出现的不稳定局势。欧盟外长博雷利担心"俄罗斯的入侵会扩散到格鲁吉亚、摩尔多瓦和西巴尔干"。科索沃认为巴尔干"面临比波罗的海国家和摩尔多瓦更大的危险"。

西巴尔干国家中只有塞尔维亚和波黑未加入北约。2007年塞尔维亚议会通过决议，宣布军事中立。俄乌冲突爆发后，塞尔维亚总统武契奇表示支持乌克兰的主权与领土完整，但反对对俄罗斯的经济制裁。2022年3月18日，武契奇总统接受媒体采访，谴责了西方国家在乌克兰问题和科索沃问题上推行"双重标准"。武契奇总统称俄罗斯在外交上从未反对过塞尔维亚，而且一直恪守联合国安理会第1244号决议，支持塞尔维亚维护主权与领土完整。相反，西方国家却一步步把塞尔维亚推向困境。由于85%的塞尔维亚人支持俄罗斯的政策，武契奇利用亲俄叙事动员选民参加2022年4月3日举行的总统和议会选举。塞尔维亚以加入欧盟为目标，在俄乌冲突问题上将面临选边站的压力。美国驻塞尔维亚大使克里斯托弗·希尔认为塞尔维亚只有一条路，那就是西方，那就是欧盟。①希尔呼吁塞尔维亚应该考虑其未来所在，其中立立场是否可持续，并做出改变。②2022年6月10日，正在塞尔维亚访问的德国总理朔尔茨强调，塞尔维亚作为欧盟候选国应加入欧盟对俄制裁。波黑希望加入北约，已参加北约成员国资格行动计划。俄罗斯认为波黑加入北约为敌对行为。俄罗斯驻波黑大使伊戈尔·卡拉布霍夫接受电视采访，以乌克兰为例警告波黑，称"如果面临威胁，我们会做出反应"③。波黑国防部部长波季奇希望在俄乌冲突结束后，地缘政治关系将会改变，地区安全的重要性将会增加，波黑将快速加入北约。科索沃当局称俄罗斯在巴尔干有"破坏性利益"，对攻击科索沃、波黑和黑山有兴趣。俄罗斯在塞尔维亚的影响实际上在增长。作为俄罗斯代理人的塞尔维亚，受到俄乌冲突的鼓舞，有可能与俄罗斯一道采取行动。科索沃当局还认为，塞尔维亚总统武契奇为"模仿俄罗斯的克里姆林宫的傀儡"，俄罗斯盟友塞尔维亚为巴尔干地区稳定的威胁。称苏联已变成了以俄罗斯联邦为中心的章鱼，其触角延伸到顿巴斯、克里米亚、德涅斯特河沿岸和南奥塞梯。而前南斯拉夫是以塞尔维亚为中心的章鱼，其触角延伸到"波黑的塞族实体、黑山的

---

① "Hill: There is only one path for Serbia, and that is the West and the EU", Telegraf, May 23, 2022, https://www.telegraf.rs/english/3502311-hill-there-is-only-one-path-for-serbia-and-that-is-the-west-and-the eu?utm_source=nove_povezane_vesti&utm_medium=preporucene&utm_campaign=nove_povezane_vesti&utm_content=horizontalno_kraj.

② "US ambassador: Serbia needs to think where its future is and whether neutral position is sustainable", Telegraf, June 13, 2022, https://www.telegraf.rs/english/3512571-us-ambassador-serbia-needs-to-think-where-its-future-is-and-whether-neutral-position-is-sustainable.

③ Hina, "Russia ambassador: Bosnia can join NATO, but Moscow will react to threat", March 16, 2022, https://hr.n1info.com/english/news/russia-ambassador-bosnia-can-join-nato-but-moscow-will-react-to-threat/.

不承认独立的塞族（政治）臣民以及科索沃北部的非法结构"①。在俄乌冲突爆发3天后，科索沃要求加快加入北约的步伐，要求美国在科索沃设立常设军事基地。由于西班牙、斯洛伐克、希腊和罗马尼亚尚未承认科索沃，科索沃加入北约尚面临诸多难题。

在俄乌冲突爆发后，欧洲的一些观察家担忧俄罗斯会利用其在波黑的代理人在巴尔干开辟第二条战线。俄罗斯与巴尔干的塞族人有着文化、历史的亲缘关系。长期以来，俄罗斯也苦心经营与波黑塞族共和国的关系。大部分波黑塞族受20世纪90年代受害者叙事主导，亲近俄罗斯，反对与西方结盟。迄今为止，波黑的国家构建并不成功，民族主义政治仍大行其道，波黑塞族共和国的分离威胁直接影响波黑的未来。由于波黑主席团塞族成员多迪克的反对，波黑未能通过谴责俄罗斯的决议。波黑主席团成员扎费罗维奇称塞族共和国的"分离主义决定"正在威胁波斯尼亚的主权和领土完整。在俄乌冲突爆发后，欧盟决定将驻波黑维和部队增加一倍。欧盟驻波黑维和部队称"国际安全局势的恶化有可能将不稳定因素蔓延到波斯尼亚和黑塞哥维那"。

塞尔维亚对俄乌冲突的态度也加剧一些周边国家对塞尔维亚的不信任。与恐俄症相关的恐塞症日益成为巴尔干的隐忧。塞尔维亚倡导的"开放巴尔干"倡议获得北马其顿和阿尔巴尼亚的支持，科索沃则对阿尔巴尼亚加入该倡议提出批评。科索沃当局批评塞尔维亚继续将科索沃、黑山和波黑视为"临时国家"。保加利亚的欧洲议会议员卡内夫认为，只要一切围绕贝尔

---

① Smrit Burman，"Kosovo PM Albin Kurti Says Russian Ally Serbia A 'threat To Regional Stability' Of Balkans"，Republicworld.com，March 23，2022， https：//www.republicworld.com/world-news/russia-ukraine-crisis/kosovo-pm-albin-kurti-says-russian-ally-serbia-a-threat-to-regional-stability-of-balkans-articleshow.html.

格莱德，西巴尔干的难题不会得到解决。解决之道在于"索菲亚—雅典轴心"，由保加利亚、希腊、北马其顿、黑山和阿尔巴尼亚组成地区联盟。尽管巴尔干的地缘政治态势总体稳定，俄乌冲突对巴尔干的溢出效应仍不可忽视。

刘作奎，历史学博士，研究员，博士研究生导师，中国社会科学院欧洲研究所副所长，北京市文化和旅游局副局长（挂职），主要研究领域为中欧关系、欧美关系、中东欧问题以及中国－中东欧国家合作等。